남북 아메리카 여행기

행복해지는 여행

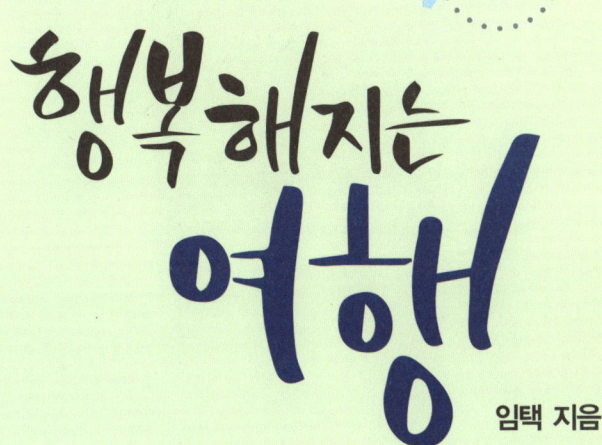

임택 지음

해피맵북스

서문

「고목」(제1회 아카데전 출품작)

나는 많은 것을 해보고자 노력했다. 그중 글을 쓰고 싶었고, 그림도 그리고 싶었다.

그림은 제법 한다 싶었으나 주변에서 "재능은 있는데 그림 그려서는 먹고살기 힘들다"라는 소리를 들었다.

장성한 뒤, 그림에 대한 미련이 사무쳐 거부할 수가 없었다. 무작정 화실로 들어가 기초부터 익히며 팔레트를 들고 이젤 앞에 앉아 더 없는 행복을 느꼈다. 그리고 마침 6인전(아카데전)에 초대를 받고, 10여 점의 작품을 출품했다.

『고목』은 그중 하나다.

그리고 많은 시간이 흐른 어느 날, 동경하던 아프리카를 다녀오게 되었다. 이는 유럽과 호주, 뉴질랜드로 계속되었고 걷잡을 수 없는 여행의 유혹에 빠져들었다.

「로키 요호 국립공원의 가을」

「이사벨라섬 비치」

　세계 70여 개국을 다니면서, 모든 것이 새롭게 변하고 있음을 느꼈다.
　하나의 지구 속에서 모두가 소중한 이웃임을 알았다. 지구촌의 역사, 문화와 자연 생태계, 인간애를 곳곳에서 보았고, 이 모든 것들을 메모와 사진으로 남겼다.
　이중 '남북 아메리카 여행기'를 정리하여 책으로 출간한다.
　여기에 있는 직접 찍은 사진들은 많은 이야기를 담고 있다.
　독자들에게 사진과 대화하는 기분으로 책을 접해 주실 것을 부탁하고 싶다.
　남북 아메리카 여행에 도움을 준 Dr. J님에게도 감사를 전한다.

－ 저자 **임택**

목차

1 캐나다 옐로나이프 & 화이트호스의 오로라 ········· 6
　화이트호스의 오로라 · 9
　옐로나이프에서 실감한 오로라 · 15
　설국 여행 · 21

2 캐나다 재스퍼, 밴프, 요호 국립공원과 비아레일 ········· 26
　비아레일 타고 로키산맥으로 · 28
　신비로운 영원의 섬 · 35

3 미국 세계 최초 국립공원 옐로스톤 ········· 40
　자연, 그 신비로움 속으로 들어가다 · 42
　옐로스톤과 세렝게티 국립공원 · 49

4 미국 서부, 중부의 감추어진 비경 ········· 52
　〈1차 여행〉 요세미티 국립공원, 라스베이거스···· 52
　서부 주요 캐니언, 브라이스, 자니언, 앤텔로프, 모뉴먼트, 그랜드 · 58
　〈2차 여행〉 아치스 국립공원, 캐니언랜즈 국립공원, 세도나, 데스밸리 · 66
　인디언들이 신성시한 세도나와 데스밸리 · 72

5 카리브해의 보석 쿠바(Cuba) ········· 78
　카리브해! 멕시코와 유카탄 반도 그리고 쿠바! · 82

6 멕시코 그리고 파나마/마야문명 ········· 88
　파나마 · 103

7 페루 리마에서 쿠스코/잉카제국 ········· 108
　나스카 라인 · 111
　쿠스코 · 115
　마추픽추/ 태양의 도시, 잃어버린 도시 · 121

8 볼리비아와 우유니 소금 사막 ············ 126
　우유니 소금 사막 · 132

9 칠레 그리고 아르헨티나/파타고니아 ····· 142
　파타고니아를 찾아서 · 147
　아르헨티나/ 엘 칼라파테 모레노 빙하 · 150
　세계의 끝, 우수아이아 · 156
　파타고니아와 뉴질랜드 · 162

10 아르헨티나 부에노스아이레스 ············ 164

11 브라질과 아마존 이구아수 폭포 ·········· 174
　리우데자네이루 · 182

12 에콰도르, 태고의 섬 갈라파고스 ········· 188
　키토 적도 박물관 · 189
　산타크루즈섬 · 192
　이사벨라섬 · 207
　산크리스토발섬 · 212

TRAVEL 1 캐나다 옐로나이프 & 화이트호스의 오로라

인천국제공항을 오후 5시 55분에 이륙한 비행기는 약 9시간의 비행 후 현지 시간으로 다음 날, 오전 10시 30분 밴쿠버국제공항에 도착했다.

공항 라운지에서 휴식을 취하고, 오후 2시 30분 화이트호스(Whitehorse) 행 에어 캐나다에 탑승했다. 화이트호스 유콘 공항에는 오후 5시가 넘어 도착했다.

화이트호스는 북아메리카 대륙의 등줄기인 로키산맥(Rocky Mts.)

최북단, 북극권 가장자리에 있는 사계절 휴양도시다. 로키의 거칠고 험준한 협곡인 이곳은 그만큼 경치도 빼어나 트레킹과 래프팅족들이 즐겨 찾는 곳이다. 북극권 툰드라 지역으로 이어지는 크고 작은 호수들이 즐비해, 오로라 오발(Aurora Oval) 벨트 즉 북위 60도 인근 지역으로, 오로라의 관측 선호 지역이기도 하다.

오로라 오발 벨트로써 오로라 관측 가능한 모든 조건들을 충족하는 최적지로, 캐나다에서는 이곳 화이트호스와 옐로나이프(Yellowknife)를 손꼽는다. 그중에 옐로나이프는 거대한 호수, 그레이트 슬레이브 호수(Great Slave Lake)와 툰트라 지역으로 이어지는 대평원에 위치해, 모든 관측 조건이 완벽한 곳으로 알려져 있다.

나는 이들 두 지역을 찾아가 황홀하게 피어오르는 녹색 구름, 오로라를 보고 북극권에서 몰아치는 눈보라 속에서 개 썰매를 타고 싶었다. 그리고 스노우 스윙을 하고, 시간이 허락하는 대로 설국에서만 볼 수 있는 분위기를 몸과 마음으로 느껴 보고 싶었다.

오로라는 태양의 활동에 의해 방출되는 태양풍 중에서 전기성 입자를 띤 플라즈마가 지구의 대기권으로 진입하면서 산소나 질소 분자와 충돌, 빛을 발산하는 현상을 말한다.

지구 상공의 약 100km~500km 부근에서 발생하는 오로라는 300km 전후에서 산소와 충돌하는 경우에는 붉은색, 200km 전후에서 질소와 충돌하는 경우에는 녹색, 100km 부근에서 질소와 충돌하는 경우에는 핑크색을 띤다. 대부분의 육안으로 관측되는 오로라 색은 녹색으로 나타나며 커튼의 주름 현상을 보이는데, 이는 지구의 자력선 때문이다.

화이트호스의 오로라

나는 화이트호스에서 3일간, 그리고, 옐로나이프에서 5일간 머무르며 오로라 헌팅(관측)을 하기로 했다.

날이 어두워지자 오로라 헌팅을 위해 화이트호스 다운타운에서 셔틀버스를 타고 포인트 장소로 30여 분간 이동했다. 첫날은 설레었다. 한적한 도로를 달리던 셔틀버스는 도로를 벗어나 침엽수림이 울창한 계곡 속으로 들어갔다. 눈 덮인 숲속은 분지형의 넓은 평원이었다. 군데군데 야간 표시등이 길을 안내했다. 숲속의 짙은 어둠과 침묵을 우리들의 발자국 소리가 깨웠다.

금방이라도 펼쳐질 듯한 오로라 쇼는 침묵의 밤을 더욱 깊게만 했고, 영하 25도가 넘는 찬바람과 추위는 온몸을 얼어붙게 만들었

다. 이런 기다림을 5시간 이상한다는 것은 열정이 없다면 어려운 일이다.

자정이 지나면서 관측이 어렵다는 전갈이 왔다. 기대와 달리 첫날의 오로라 헌팅은 무위로 끝나고 허탈한 마음으로 호텔로 돌아왔다.

다음 날 아침, 북극 탐험 시절 에스키모인들의 생활상을 볼 수 있는 자연사 박물관을 방문했다. 맘모스(mammoth, 매머드) 화석을 비롯한 고대 생물들의 화석이 전시되어 있고, 북극 탐험 도구들과 당시 유물들, 그리고, 혹독한 자연환경에 도전하는 인간들을 볼 수 있었다.

유콘강에는 1900년대 초, 사금 채취가 한창이던 시절 운용되었던 클론다이크 증기선이 강어귀에 전시되어 있었다. 강 너머에는 흰 눈과 침엽수림, 조그만 야산이 병풍을 두른 듯 아늑한 분위기를

자아냈다. 발목까지 빠지는 흰 눈을 밟으며 강어귀 벤치에 앉아 잔잔한 물결을 바라보며, 낯선 캐나다 시골의 평화로움을 느꼈다.

　유콘 강줄기를 타고 로키의 산마루에 태양이 걸리고, 알록달록한 네온의 불빛이 켜질 즈음, 호텔로 돌아와 저녁 식사를 했다. 그리고 뜨거운 커피 한 잔을 마신 후 호텔 로비에서 셔틀버스를 기다렸다.
　셔틀버스는 어두운 도로를 달려 관측 장소에 도착했다. 사진 촬영의 적절한 장소를 찾아 안으로 들어갔다. 눈이 쌓이면서 치워둔 둔덕에 삼각대를 세우고 카메라를 설치했다.
　흥분되는 마음을 다독이며 오로라의 출현을 기다렸다. 한밤 북극권의 혹독한 추위가 엄습하자 사람들은 하나둘, 뜨거운 차와 불타는 장작이 있는 휴게소(티피)를 찾아 움직였다. 눈썹 주위는 얼음 결정체가 돋아나고 손과 발이 시려 동동거렸다.

1. 캐나다 옐로나이프 & 화이트호스의 오로라　11

　시간이 흐르자 지척에서 녹색 오로라가 나뭇가지 사이로 서서히 퍼져갔다. 기다리던 오로라가 나타났고 반가움에 탄성과 환호가 이어졌다. 그러나 흥분된 마음이 채 가시기도 전에 오로라는 수많은 별들 사이로 스르르 사라졌다.
　오로라의 아름다움을 간직하고 다운타운으로 돌아왔을 때는 새벽 3시가 넘었다. 차가운 바람은 간간이 도로를 지나는 승용차 주변으로 수증기가 되어 회오리를 일으키며 날아다녔다.
　호텔 문은 잠겨 있었다. 로비의 벨보이가 우리를 보자 문을 열어 주었다. 밤에는 노숙인들이 추위를 피해 들어오기에 일몰 후에는 호텔 출입문을 잠근다고 한다. 이런 추위에 노숙인을 생각하니 안타까웠다.

　아침부터 함박눈이 내렸다. 도로에는 수시로 제설차들이 쌓인 눈을 밀어냈다. '교통이 마비되는 게 아닐까?'라는 생각마저 들었다. 인도는 얼어 미끄럽고, 부츠가 눈에 파묻혀 걷는 게 힘들었다.

눈은 인도와 차도를 분간하기 힘들 만큼 내렸다.

함박눈은 바람에 날아다니고, 도시는 화이트 시티로 새롭게 변모했다.

기념품점에 들러 몇 가지 기념품을 샀다. 그리고 한적한 시골길로 들어섰다. 앞을 분간하기 힘들 만큼 눈이 내리는 설국의 거리를 눈과 가슴으로 즐기며 산책했다.

오후에는 눈이 소강상태를 보이자 자연보호구역을 찾아갔다. 동물 보호구역에는 북극여우(레드 폭스, 화이트 폭스), 무스, 산양류 등이 있었다. 조그맣고 귀여운 여우는 반려동물로 키우고 싶은 충동을 일으켰다. 눈 속에 웅크리는가 하면 쏜살같이 사라지는 화이트 폭스는 찾아보는 것조차 쉽지 않았다.

어둠이 깔리자 바람이 거세게 불었다. 오로라 헌팅 셔틀버스가 취소되는 것으로 생각할 즈음, 가이드로부터 로비로 모이라는 전갈을 받았다. 이곳 날씨는 수시로 변하기 때문에, 더군다나 바람마저

불고 있으니(바람은 구름을 몰아내기 때문), 오로라 헌팅은 예정대로 진행된다고 한다.

짙은 구름이 드리워진 하늘에서는 흰 눈이 그야말로 소담스럽게 펑펑 쏟아지기 시작했다. 오로라는 구름과 바람 속에 갇혀 있었고 눈은 멈추지 않았다. 티피에 앉아 장작 타는 것을 바라보며 불멍에 빠져들었다.

밤이 깊어지자 눈이 소강상태를 보였다.

간간이 별들이 스쳐가고 미미하게나마 오로라가 흔적을 남기며 흘러갔다. 화려하고 황홀한 오로라를 기대하는 것은 어렵겠다는 마음이 들었다. 이렇게 화이트호스에서의 일정은 끝나고 있었다.

옐로나이프에서 실감한 오로라

다음 날, 밴쿠버로 출발하는 비행기는 30분을 앞당겨 새벽 5시 30분으로 결정됐다. 산악 지형의 날씨와 공항 사정으로 인해 비행기 시간이 수시로 변경된다고 했다. 4시 30분까지는 유콘공항으로 가야했다.

호텔에 도착한 후, 차 한 잔을 마시고 짐을 정리하여 공항으로 출발했다.

북극권의 차가운 새벽바람을 맞으며 텅 빈 공항으로 들어섰다. 작은 공항에는 직원 3~4명이 있을 뿐 한적했다.

비행기가 이륙하자 로키산맥의 웅장한 모습이 창문으로 보였다. 높은 비행고도에서 바라보는 일출은 장관이었다. 커튼을 살짝만 올려도 타오르는 태양빛이 순식간에 기내로 들어왔다.

오전 8시경 밴쿠버국제공항에 도착했다. 옐로나이프로의 환승 항공편은 오후 2시 55분이다. 약 7시간 정도 기다려야 한다. 다행히 프리미엄 라운지를 이용할 수 있었다. 여행 중 이 시간만큼은 아무런 제약이 없는 편한 휴식 시간이다.

　옐로나이프에는 오후 6시 30분경 도착했다. 북극권이라 오후 4시면 해가 져 이미 어둠이 짙게 깔린 공항은 진눈깨비와 함께 바람이 거세게 불었다. 을씨년스러운 공항을 뒤로하고 마중 나온 기사의 안내를 받으며 호텔로 출발했다.

　오로라 빌리지에서 보내온 방한복을 입고 곧장 오로라 관측 장소인 오로라 빌리지로 향했다. 화이트호스보다 위도상 북쪽으로 넓은 그레이트 슬레이브 호수와 툰드라 평원으로 이어지는 이곳은 세계에서 오로라 관측을 위한 최적의 장소로 손꼽히는 곳이다.
　오로라 빌리지의 다이닝룸에서 브리핑을 받고 컴컴한 길을 따라 들판, 언덕, 호수 등 관측하기 좋은 곳을 찾아 이동했다. 나는 멀리 유도등만이 켜진 얼어붙은 호수 위에 자리를 잡았다. 기온은 영하 35도를 넘나들었다. 추위에 몸이 움츠러들고 노출된 얼굴은 얼고 있었다.
　삼각대를 펴고 카메라 작동을 위해 장갑을 벗었다. 카메라에 손

이 닿자 얼어붙었다. 혹독한 추위가 실감났다. 잠시 쉬며 여유를 갖고 싶어 티피로 들어갔다. 장작 타는 내음이 너무 좋다.

그런데 카메라에 성에가 끼고 물방울이 맺혀있다. 수건과 휴지로 닦으며 주변을 둘러봤다. 세계 각지에서 온 사람들의 대부분은 젊고, 활기가 넘쳤다.

잠시 후, 티피 앞에서 사람들이 웅성거렸다.

밖으로 나가자 밝은 녹색 구름 띠가 피어오르며 뭉게구름처럼 떠다녔다. 순식간에 녹색 구름은 하늘을 온통 덮고 현란한 소용돌이를 일으키며 맴돌았다. 녹색 회오리 구름에 갇혀버린 듯한 숨 막히는 광경은 3~4분간 이어졌다. 황홀한 오로라의 춤사위는 너무 아름다웠다.

멋진 오로라의 구름들이 만들어내는 한밤의 콘서트는 절정으로 치닫고 감탄사는 곳곳에서 터져 나왔다. 아무런 생각 없이 맞이한 오로라의 출현이었다. 오로라 빌리지 직원도 이처럼 웅장하고 황홀한 광경은 극히 드물게 나타나는 현상이라고 했다.

 흥분된 마음을 진정시키며 티피로 들어갔다. 핫팩과 털목도리로 카메라를 감싸고 기대 속에 밖으로 나왔다. 삼각대를 세우고 다음 오로라 출현을 기다렸다.
 나무숲 사이로 아름다운 녹색 오로라는 애정의 갈증을 해소해 주었다. 그리고 잠시 머물며 나타났다 사라졌다.

 그런데 잠시 후 카메라 셔터가 멈춰버렸다.
 원인을 알 수가 없었다. 카메라를 살피기 위해 삼각대를 들자 조각조각 부서져 버렸다. 황당했다.
 순간 몸은 굳어져 버리고 조각난 파편들이 떨어져 나가는 것을 바라보았다. 그때, 모든 것이 극한 기온 때문에 얼어 벌어진 사실임을 알게 되었다. 배터리와 핫팩마저 꽁꽁 얼어 있었고 작동 불능 상태가 되었다.

 주머니에 있던 핸드폰을 꺼냈다. 따뜻한 온기를 지닌 폰은 그나

마 사용 가능했다.

그리고 매점에서 파이프 삼각대를 렌트했다. 매점에는 몇몇 사람이 파이프 삼각대의 사용법을 익히고 있었다. 렌트한 삼각대를 들고 관측 장소에 왔을 때는 사람들이 철수하는 분위기였다. 하지만 나는 오로라가 나타나길 기다리며 하늘 촘촘히 박혀 있는 별들을 바라보았다. 모처럼 하늘 속의 별자리를 찾아보았다. 주변에 오염원이 없는 맑은 대기 속에서, 별들과 가장 가까운 극지 인근에서 바라보는 것은 또 하나의 즐거움이었다.

다음 날, 결빙된 호수로 갔다.

호수 가장자리 펜스 안에서 많은 개들이 요란하게 짖고 있었다. 썰매를 끄는 개들이다. 관심이 생긴 나는 안내인에게 개 썰매를 탈 수 있냐고 물은 뒤 신청했다.

썰매에 타자 개들은 주인의 신호에 따라 달리기 시작했다. 호수 가장자리 눈 덮인 침엽수림 사이의 오솔길을 빠져나가는 경쾌함을 느끼며 즐겼다. 무엇보다도 썰매를 끄는 개들도 달리는 것을 즐긴다는 게 너무 좋았다. 개가 뒤를 살짝 쳐다보며 꼬리를 흔드는 모습이 보일 때는 웃음이 절로 나왔다.

이처럼 경쾌한 드라이브가 또 있을까?

스노우 스윙을 하기 위해 오로라 빌리지 인근 하얀 눈이 수북한 야산으로 갔다. 그리고 설피를 신고 발목까지 빠지는 눈길을 올라갔다. 침엽수림 사이를 헤집으며 오르자 나뭇가지가 흔들리며 쌓

인 눈이 떨어져 날렸다. 미끄러지고 넘어지며, 힘겹게 정상에 오르자 노을 진 툰드라의 대평원이 보였다. 지평선에 펼쳐진 환상적인 풍경이 다가오자 목과 가슴이 터져라 외치고 싶었다.

밤이 찾아오고 녹색 돌풍을 일으키는 옐로나이프의 오로라가 관측될 때면, 하이 소프라노의 고음으로 울려 퍼지는 찬양을 들으며 즐겁고 황홀한 밤을 보냈다. 그리고 새벽 3시쯤 호텔로 돌아와 토끼잠을 잤다. 아침이 찾아오고 조찬을 하고 나면 또 다른 새날이 시작되었다.

설국 여행

다음 날, 옐로나이프 시청을 찾아갔다. 방문 기념엽서와 배지를 받았다. 그리고 올드타운으로 발길을 돌렸다. 오전 10시가 넘었는데도 도로는 한적했다. 차량만이 간간이 지날 뿐 거리에는 사람이 없다. 도시는 아직 잠에서 깨어나지 않는듯했다. 발목까지 빠지는 눈길은 걷는 게 힘들었다.

설국 풍경을 카메라에 담으며 그레이트 슬레이브 호수를 따라 걸었다. 두껍게 언 그레이트 슬레이브 호수는 아이스 로드가 되어있었다. 겨울 한 철, 아이스 로드는 트럭을 비롯한 각종 차들이 달리는 중요 산업도로로 활용된다고 한다. 호수 가장자리에는 주택들이 드문드문 있고 보트와 조그만 어선들이 정박해 있다. 꽁꽁 얼어붙은 배 위에 눈들이 수북이 쌓여 있었다.

이른 아침부터 걷다 보니 추위에 얼어붙은 몸을 녹이며 잠시 쉴 곳이 필요했다. 하지만 주변에 카페는 보이지 않았다. 얼마쯤 걸었을까. 멀리 상가의 불빛이 보이고 창 너머 실루엣이 움직였다.

붉은색 벽돌 건물 앞의 입간판에는 '카페'라는 글자와 춤추는 사슴이 그려져 있다.

출입문을 빼꼼히 열었다.

"혹시 커피 한 잔 마실 수 있을까요?"

청소 중이었다.

"미안하지만 커피 한 잔 부탁드립니다."

흰서리가 송글송글 맺힌 얼굴을 내밀자 벽난로 옆자리로 안내해 주었다.

창밖에는 눈이 수북이 쌓인 관목과 담장 너머로 호수가 보였다. 난로에서 불타는 장작을 보니 가슴이 뜨거워졌다. 피로

는 사라지고, 마음의 여유가 생겼다.

　진한 커피 향이 주변에 퍼져 나가고 눈 덮인 정원과 호수, 보트, 창가에 걸려있는 액세서리가 좋아 보였다.

　나는 따뜻한 커피 한 잔의 배려에 연신 고마움을 표하며 카페를 나왔다. 나중에 알고보니 그곳은 소문난 맛집이었다. 브런치 카페로 유명한 '댄싱 무스'(CAFÉ DANCING MOOSE)였다. 버팔로 버거가 유명하다는 평이었으나 난 따끈한 커피 한 잔으로 충분했다.

　천사들이 찬양하고, 하늘에 영광이 있는,

　오로라의 도시 옐로나이프.

　그리고 무스가 춤추는 카페, '댄싱 무스'가 아름다웠다.

　나는 옐로나이프 올드타운에 있는 대표적인 관광명소 파일럿 모뉴먼트(Pilots Monument)를 찾았다. 눈보라가 몰아치는 철계단을 오르자 흰 눈이 수북한 정상이 나타났다. 눈덮인 거대한 그레이트 슬레

이브 호수는 겨울왕국 옐로나이프를 곁에서 감싸고 있었다.
 언덕을 내려왔을 때는 어느덧 해가 떨어지고 가로등이 켜지기 시작했다. 도로변 언덕에는 '와일드 캣'(WILD CAT CAFÉ)이 웅크리고 앉아 있다. 옐로나이프에서 가장 오래된 산장 분위기의 고풍스러운 카페다. 아름다운 네온 불빛과는 어울리지 않게 문이 닫혀 있다. 출입문에는 여름 한 계절만 영업한다는 안내장이 걸려있었다.

 밤은 깊어가고 오늘 밤은 어떤 매력적인 오로라 무대가 펼쳐질지 기대가 되었다. 어둠이 짙게 깔린 오로라 빌리지에는 오늘도 녹색 바람을 일으키며 뭉게구름처럼 흘러가는 황홀한 오로라가 나타났다. 가슴을 설레게 하는 모습은 몇 번을 봐도 질리지 않고 새로운 아름다움을 느끼게 했다.

 잠시, 티피에서 쉬고 있는데 오로라 빌리지 다이닝 홀에서 찾는다는 메시지가 전해졌다. 다음 날 아침으로 예약한 밴쿠버 항공편은 로키산맥 주변 날씨로 인해 결항되었고, 대신 우회 노선인 에드먼턴 공항(EDMONTON-YEG)을 경유해 밴쿠버로 가야한다고 했다.

호텔로 돌아왔다. 아침 5시 30분에 탑승하려면 바로 짐 정리를 해야 했다. 아쉬웠지만 돌발적으로 일어난 기상 변수이기에 어쩔 수 없었다.

호텔 로비에 걸려있는 오로라의 멋진 출현과 협곡의 트레킹 사진  들을 보며 옐로나이프에서의 일정들을 되돌아보았다.

옐로나이프는 원주민의 말처럼 '하나님이 주신 아름다운 선물'이라고 할 만하다.

1. 캐나다 옐로나이프 & 화이트호스의 오로라 25

캐나다 재스퍼, 밴프, 요호 국립공원과 비아레일

TRAVEL 2

미국 시애틀 터코마 국제공항에 도착하니 현지 시간으로 오후 12시 20분이었다.

도착 후 입국 심사를 기다리는데 분류 심사가 낯설었다. 긴 줄을 서고 한 명씩 인터뷰를 하며 통과했다. 일행 중 한 명이 정밀 심사 대상으로 별실로 가는 바람에 한 시간 이상을 대기했다.

우리 일행뿐 아니라 밖에서 기다리는 가이드까지 모두가 초조한 시간을 보내고 당초 예상보다 2시간이 늦어서야 미팅을 할 수 있었다. 힘들게 공항을 빠져나온 뒤 5번 국도를 따라 밴쿠버로 향했다.

　밴쿠버 시내 개스타운(Gastown)의 증기 시계는 옛날 증기기관차를 보는 듯 새로웠다. 그리고 밴쿠버 사람들이 즐겨 찾는다는 스탠리파크(Stanley Park)에서 바라보는 밴쿠버 항만의 야경은 어둠 속에서 점점이 빛나는 보석처럼 아름다웠다. 이는 여행 첫날의 피로를 말끔히 씻어주기에 충분했다.

　다음 날 아침 일찍 캐필라노 서스펜션 브리지(Capilano Suspension Bridge)를 찾았다. 이는 노스밴쿠버 캐필라노 협곡에 놓인 현수교로 길이 135m, 높이 70m에 이른다.
　협곡에는 아름드리 나무들이 피톤치드 향을 진하게 내뿜는다. 안개가 자욱한 숲길을 따라 현수교 위로 올라갔다. 현수교는 바람과 사람들의 움직임에 출렁거리며 아슬아슬한 스릴을 느끼게 했다.
　상쾌한 기분으로 서스펜션 브리지를 내려와 비아레일을 타기 위해 중앙역으로 향했다.

　로키산맥을 끼고 있는 재스퍼, 밴프, 요호 국립공원은 캐나다 서부를 대표하는 아름다운 자연경관을 간직하고 있다.
　우리는 비아레일(VIA RAIL)을 타고, 만년설과 빙하호수가 있는 로키산맥 협곡 깊숙이 들어가게 된다.
　그리고 세계 최고의 아름다운 도로 씨 투 스카이(Sea to Sky)와 아이스필드 파크웨이(Icefields Parkway)를 따라 만년설과 협곡이 만든 폭포와 짙푸른 에메랄드 호수, 콜롬비아 아이스필드 빙하 등 캐나다 자연이 간직하고 있는 풍경들의 백미를 보게 될 것이다.

비아레일 타고 로키산맥으로

　캐나다 서부여행은 밴쿠버에서 시작됐다.
　중앙역(퍼시픽센트럴역)에 도착한 우리는 캐나다를 횡단하는 세계 최고의 관광 열차 중 하나인 비아레일을 탔다.
　돔 형태의 2층 관광 열차는 아가시즈역을 지나면서 깊은 산속으

로 빨려 들어가는 느낌이었다. 프레이저 협곡을 지나고 헬스게이트에서는 청아한 물줄기를 따라 연어들이 힘차게 뛰어오르는 모습이 느껴졌다.

로키산맥의 깊은 협곡과 수많은 터널, 우거진 나무숲을 지나며 기차 바퀴의 쇳소리는 정적을 깨웠다. 자작나무가 붉게 물든 골드메이플의 아름다운 풍경이 스쳐가고, 거센 물줄기가 흐르는 협곡을 트레킹 하는 트레커를 위한 보행 현수교와 고풍스러운 조그만 철교가 나타났다.

날이 어두워지면서 호수에 비친 달무리와 수많은 별들이 스쳐지나 갔다. 열차는 덜컹거림이 둔해지고 캠룹스(Kamloops)에 도착했다.

다음 날 아침 캠룹스에는 가랑비가 내렸다.

톰슨 강을 따라 재스퍼(Jasper)로 가는 길은 침엽수의 진녹색과 자작나무의 황금색 군락들이 강에서 피어오르는 운무와 더불어 운치를 더해주었다.

캐나다 로키산맥의 최고봉이 있는 롭슨산(Mount Robson, 3,954m) 비

 지터 센터에 이르자 주변의 만년 설산이 주는 청량감과 압도적인 웅장함이 원초적인 자연의 아름다운 미를 가감 없이 보여주었다.
 9월 말에 접어드는 자작나무는 곱게 물들고 골드 메이플의 황금빛 융단을 펼쳐 보인다. 그리고 침엽수림의 하늘 높이 솟은 모습은 환상의 하모니를 연출한다.
 운무에 정상을 감춰버린 롭슨산과 주변 설산들의 빙하, 얼어버린 가느다란 폭포의 물줄기는 눈을 뗄 수가 없다.
 가을의 정취가 물씬 배어있는 강변에서 무스(Moose) 가족들이 풀을 뜯고 있다. 얼마 후 겨울이 되면 눈으로 덮여 먹을게 드물 것이고 그들에겐 긴 고통의 시간이 될 것이다.

 산을 바라보면 눈발이 날리고 강변에는 가랑비가 내리는 고속도로를 따라 나타나는 다양한 모습들이 로키의 아름다움을 보여주었다.
 재스퍼는 로키 트레킹의 요충지다. 아기자기한 로컬숍이 있고, 정

겨우며 이방인도 금방 친밀감을 느끼는 조그만 산악 도시라고 하면 맞을 것이다. 주변을 둘러보면 로키산맥 깊숙이 들어왔다는 느낌이 들고, 로키의 아름다운 설산들을 도시의 어디서든 감상할 수 있다.

재스퍼에서 밴프(Banff)에 이르는 230km는 빼어난 드라이브 코스 중 하나인 아이스필드 파크웨이를 달리게 된다. 그곳에는 로키의 비경들, 만년 설산, 빙하, 협곡, 폭포 등 자연의 멋을 간직한 모든 것이 모여있다.

 아이스필드 파크웨이를 따라 끊임없이 이어지는 절경 - 설산이 주는 매력을 느끼면서 세계 최대 빙하인 콜롬비아 빙하 지대(Columbia Icefield)에 도착했다.

콜롬비아 아이스필드 빙하에서 분리된 아사바스카 빙하(Athabasca Glacier)에 들어가기 위해 티켓을 끊었다.

 그리고 초대형 설상차를 타고 빙원으로 들어갔다. 둔탁

하고 거대한 설상차는 협곡 사이 눈이 소복한 빙하 위에 멈추었다.

빙하 위를 뛰어다니며 미끄러지고 넘어지며 얼음꽃의 품 속으로 들어가 보았다.

가슴을 시원하게 열어주는 행복감, 천진난만한 즐거움을 느꼈다. 아무것도 없는 백지상태, 여백의 아름다움, 모든 것을 버리고 비웠을 때의 충만함, 기쁨이 더없이 좋았다.

깨끗한 눈밭에서 뒹굴다 보니 천진난만했던 어린 시절의 순수하고 깨끗했던 마음이 그리워졌다.

그렇게 빙하는 물질적 속성인 억압에서 벗어나 정신적 자유를 찾아주었다.

신비로운 영원의 섬

    빙하 지대를 나와 아이스필드 파크웨이의 절경들을 보며 멀린 호수(Maligne Lake) 선착장에 이르렀다. 로키의 보석, 에메랄드가 이곳에서 빛나고 있다.
    세계 최대 규모의 멀린 호수는 빙하가 쓸고 내려가 생긴 협곡, 빙하호수로 깊은 곳은 수심이 1,700m에 이른다.
    호수 가운데 자리한 영혼의 섬은 최고의 절경을 자랑하고 있다. 세계 유명 사진작가들이 즐겨 찾는 곳이라고 하니 유람선에 오르는 발걸음이 처음부터 설레이기 시작했다.
    유람선은 차가운 바람과 일렁이는 물살을 가르며 가볍게 미끄러져 갔다. 그때 유람선 옆으로 무스 가족이 유유히 지나가는 모습이 보였다. 갑작스러운 무스의 출현으로 나는 너무 즐겁고 행복했다. 얼마나 반가웠는지…. 호수 건너편으로 겨우살이를 위해 이동을 하는 무스의 모습은 아름다운 한 쌍의 커플이었다.

    '영원의 섬'에 도착하고 가벼운 흥분과 함께 배에서 내렸다. 섬 앞에 있는 바위섬과 호수 가장자리에 자리 잡은 침엽수림의 군락이 빼어난 풍광을 만들어 내고 있었다.
    캐나디안은 로키산맥에 운무가 걸쳐있는 신비롭고 아름다운 '영원의 섬'에 가보는 것을 여행자의 로망 중 최고로 친다고 한다.
    호수의 잔잔한 물결은 로키에서 부는 바람에 파도를 일으키고 조약돌을 넘어, 운무가 되어 퍼져나간다.

 그리고 이내 뾰족한 침엽수의 가지에 걸린다.

 로키가 잉태한 신비롭고 환상적인 '영혼의 섬'은 사랑을 가득 안고 많은 이야기를 하고 싶어하는 듯했다.

 아이스필드 파크웨이 고속도로를 따라 종착지인 밴프에 도착했다. 우리는 웅장한 로키 협곡에 자리한 샤또 레이크 루이스 호텔(Fairmont Chateau Lake Louise)에 짐을 풀었다. 호텔 뒤에는 포근한 모습의 정감이 넘치는 레이크 루이스 호수를 만나게 된다. 옥빛으로 빛나는 호수는 멀리 만년 설산들의 봉우리와 너무도 잘 어울린다.

그러한 아름다운 모습들을 가슴속에 품고 샤또 레이크 루이스 호텔 커피숍에서 진한 커피 한 잔을 마셨다.

창가에 비치는 레이크 루이스 호수, 자작나무, 골드 메이플 숲은

이곳이 캐나다 최고의 절경이라는 사실을 실감케 했다.

이제 캘거리(Calgary)에서 캔모어(Canmore), 요호 국립공원(Yoho National Park)으로 향했다.

로키산맥의 3대 국립공원 중 하나인 캐나다 서부 내륙 쪽에 있는 요호 국립공원은 자작나무 군락이 비교적 많아 골드 메이플을 느끼기 좋은 곳이다.

에메랄드 호수와 자연의 다리, 만년설의 청정수가 흐르는 협곡과 통나무 롯지는 한 폭의 그림으로 여행객의 눈을 호사스럽게 만들어준다.

로키 고봉 설산을 지나는 곳곳에는 눈 터널이 있다.

이는 로키의 거대한 산에 쌓인 눈들이 눈사태를 일으켜 재난으로 이어지는 것을 방지하기 위해 만들어졌다. 협곡을 지나는 도로에 터널을 만들고 눈이 많이 쌓이면 대포를 쏘아 그 진동으로 인위적 눈사태를 만든다. 그렇게 쏟아져 내리는 눈은 터널 위를 통과해

하천으로 흘러내려 재난을 방지할 수 있다.

코카할리 계곡에 이르자 오델로 터널에서 계곡으로 흐르는 로키의 맑고 청량한 물줄기가 보인다. 터널은 환경 보호를 위해 수작업으로 곡괭이와 징, 해머로 치고 털어내면서 만들었다. 이제는 관광지가 되고 유명 영화 촬영지가 되었다.

로키의 물줄기를 따라 내려가면 호프(Hope)의 프레이저 강(Fraser R.)을 만날 수 있다. 프레이저 강은 로키에서 발원한 빙하수를 태평양으로 흘려보낸다. 그리고 프레이저 강을 따라 로키의 설경들을 보면서 밴쿠버로 귀환하게 된다.

로키산맥과 프레이저 강, 사이를 따라 씨 투 스카이의 아름다운 도로를 달렸다. 그때 태평양으로 지는 선셋의 아름다운 풍경이 다가왔다. 씨 투 스카이에서 맞이한 뜻하지 않은 선셋은 너무너무 좋았다.

로키산맥 만년설과 보석처럼 빛나는 빙하호수, 캐니언(Canyon)들의 아름다움은 캐나다 자연이 주는 '미(美)의 극치'로 영원히 기억될 것이다.

살면서 힘들고 지친 날, 여행의 기억들을 눈앞에 떠올리면 자연스럽게 미소가 지어진다. 과학이 발전하고 인간과 AI가 교감하는 세상이지만 자연이 주는 신선한 감동은 그 무엇과도 바꿀 수 없음을 느끼게 한다.

미국 세계 최초 국립공원 옐로스톤

TRAVEL 3

캐나다 밴쿠버에서 육로를 통해 미국 시애틀로 입국했다. 시애틀은 알래스카의 골드러시 때 해안 거점 도시로 많은 발전을 했고 이후 인근 내륙 도시들의 크루즈항으로 획기적인 발전을 하게 된다.

시애틀을 방문하는 여행자들은 스타벅스 1호점을 많이 찾는다. 커피를 마시기 위해 가는 사람들도 있지만, 기념품을 사기 위해 길게 줄을 선 사람들이 많았다.

시애틀에서 스타벅스와 인근의 상가들, 쇼핑몰, 스페이스 니들 타워(Space Nidddle)를 보았다. 그리고 시내 투어를 하면서 솔트레이크로 가기 위해 공항으로 갔다.

시애틀 공항에서 오후 1시 30분에 이륙한 비행기는 오후 4시 45분 솔트레이크에 도착했다.

솔트레이크는 2002년 동계올림픽을 개최한 곳이다. 그리고 워새치(Wasatch) 산맥과 염수호인 그레이트 솔트호(Great Salt Lake), 세계적 규모의 구리광산도 있다. 또한 '예수 그리스도 후기 성도 교회'라 불리는 '모르몬교'의 성지다. 청렴하고 금욕적인 생활을 강조하는 이들은 예의범절이 바르고 도시 역시 깨끗하고 범죄율이 낮다.

시내를 돌아보면 주정부 청사가 돋보인다. 아울러 모르몬교의 잘 다듬어진 정원들도 아름답다.

솔트레이크에서 포커텔로(Pocatello)로 가는 길에는 야생 곰들의 서식지인 베어월드(Bearworld)가 있다. 약 70여 마리의 곰 외에도 엘크와 사슴이 초원과 습지, 자연림 속에서 생활하고 있다.

3. 미국 세계 최초 국립공원 옐로스톤 41

자연, 그 신비로움 속으로 들어가다

다음 날 옐로스톤 국립공원(Yellowstone National Park)으로 들어갔다. 옐로스톤은 1856년 미국 서부 개척시대에 탐험으로 발견된 곳이다. 남북 전쟁 후, 1870년 옐로스톤의 생태계 보존의 필요성과 가치가 인정되어 본격적인 탐험이 이루어지게 된다. 그리고 1872년 3월 1일 옐로스톤의 개발을 금지하고 영구 보존을 위한 세계 최초의 국립공원이 탄생했다.

옐로스톤은 미 서부 3개 주에 걸쳐있으나 대부분이 와이오밍(Wyoming)주에 속해있으며 남북으로 101km, 동서로 87km에 이르는 방대한 지역이다. 로키산맥이 감싸고 있는 고원지대인 옐로스톤은 평균 고도가 2,400m에 이르고 최고봉인 이글봉(Eagle Peak)은 3,462m다.

이곳에는 바이슨(Bison), 즉 버팔로와 회색 늑대, 그리즐리 곰(회색

곰, Grizzly Bear), 무스(말코손바닥사슴, Moose)와 퓨마(Puma) 등이 옐로스톤 일대의 자연 생태계를 지키고 있다.

   화산 폭발로 형성된 지질은 유황이 끓어올라 분출되는 간헐천과 진흙 열탕들이 곳곳에 수없이 널려있다. 비가 많이 올 때 흘러넘친 유황 분출수로 인해 주변 자연림들이 고사되어 그 흔적들이 곳곳에 있다.

   이러한 낯선 풍경들은 호수와 분출수의 수증기가 어우러져 너무나도 아름다웠다.

   일부 핫 스프링(온천, hot spring)과 열탕들은 유황 순도가 높아 그곳에 빠진 동식물은 흔적조차 남지 않고 녹아 소멸되는데 이러한 사고는 심심찮게 발생한다고 한다.

   따라서 이곳에는 데크(Deck)가 둘러져 있다. 유황으로 범벅이 된 지역을 안전하게 관람하도록 전 코스를 데크로 순환하게 만들어져

3. 미국 세계 최초 국립공원 옐로스톤   43

있다. 데크 주변 관목들은 유황 성분에 죽고 앙상한 가지들만이 하늘을 향해 솟아있다.

옐로스톤은 10월이면 많은 눈이 쌓이기 시작한다. 많은 눈은 통행을 방해하고 위험이 상존해 출입을 통제하게 된다.

가이저(geyser) 컨트리와 매머드(mammoth) 컨트리 등에 있는 수많은 간헐천들을 보고 있노라면 환상적인 아름다움에 젖어 시간 가는 것을 느끼지 못할 정도다.

레이크쇼어 가이저(Lakeshore Geyser)는 데크를 따라 에메랄드빛 청명한 호수로 들어가게 된다. 곳곳에서 수증기가 피어오르고 신대륙의 탄생을 보는 것 같다. 호수에 있는 팽이 모양의 피싱 코인(Fishing Cone)은 신비한 모습을 하고 있다. 볼수록 재미있다. 그곳을 지나면 블랙홀(Black Pool)과 마이무러스 풀에 이르게 된다.

마이무러스 풀(Mimulus Pool)은 넓은 호수를 끼고 있어 끓어오르는 열탕의 수증기가 대거 피어오르고 있다. 뒤로 보이는 야산의 푸르름은 청명한 하늘과 더불어 마이무러스 풀의 아름다움을 더해준다.

데크를 따라 걷다보면 유황성분이 가득한 노란 실개천, 간헐천의 용트림, 끝없이 뿜어내는 분출수의 자욱한 안개. 진흙이 끓어오르는 진흙 열탕들은-지구가 살아 숨 쉬는 모습을 통해 신비로운 대지의 비밀을 눈으로 보며 느끼게 한다.

특히 91분마다 40m에 이르는 분출수를 품어내는 올드 페이스풀(간헐천, old faithful)의 웅장함과 경이로운 모습은 탄성을 자아낸다.

옐로스톤 국립공원에서 40여 km 떨어진 곳에 그랜드티턴 국립공원(Grand Teton National Park)이 있다. 로키산맥의 웅장한 줄기가 티턴 산맥으로 연결되고 있는 그랜드 티턴 국립공원은 높이가 4,196m인 그랜드 티턴 산을 중심으로 만년 설산인 빙하를 머금은 산만 12개에 이른다. 뾰족한 봉우리들의 만년 설산이 병풍을 두르고, 수정처럼 아름다운 고원의 호수들과 상록수림의 어울림은 그랜드 티턴의 자랑이다.

그리고 잭슨홀(Jackson Hole)에서 케이블카를 타고 잭슨 레이크(Jackson Lake) 전망대에 올라 국립공원 일대의 장관을 조망하는 것은 빼놓을 수 없는 중요 관광 코스다.

록펠러 2세(John Davison Rockefeller Jr.)는 옐로스톤을 보고 감명을 받아 자연보호의 중요성을 깨닫고, 그랜드티턴 국립공원 일대를 매입해 기부함으로 국립공원 지정에 많은 기여를 했다. 이를 기념해 그랜드 티턴 국립공원과 옐로스톤을 연결하는 아름다운 경관 도로를 '록펠러 2세 기념 파크웨이'로 지정해 감사를 표했다.

잭슨 레이크 롯지(Jackson Lake Lodge)는 미국과 소련의 냉전 시대에 아버지 부시와 고르바초프가 탈냉전을 위한 세계평화회담이 열렸던 곳으로 유명하다.

또한 잭슨홀에서는 세계 경제동향 이슈가 되는 미 연준의 잭슨홀 미팅이 열리는 곳이다. 이곳에서 각 주별 중앙은행장들이 미국의 경제 동향을 의논하고 금리 정책 방향 등을 결정한다.

옐로스톤의 폭포로는 아티스트 포인트(Artist Point)를 꼽을 수 있다. 수량이 풍부한 물줄기가 협곡을 따라 흘러가는 모습은 가히 장관이었다. 시간이 충분하다면 폭포 주변을 트레킹 하고 싶었지만 그러지 못해 아쉬웠다.

로키의 고산지대인 이곳은 간간이 대형 산불이 발생해 아름다운 경관 못지않게 화마가 스쳐 간 흔적들을 많이 볼 수 있었다. 이는

자연발화의 경우가 의외로 많다고 한다. 회복 또한 자연 상태에서 이루어지도록 관리한다고 한다.

  생과 사가 극명하게 갈라지고 살아 숨쉬는 땅, 옐로스톤 국립공원 지역에서 내려와 포트홀(FortHall)에 도착했다. 그곳에서 휴식을 취하고 솔트레이크로 귀환했다.

  이제 로스앤젤레스(Los Angeles)에서 미국 서부 최대 절경으로 손꼽히는 캐니언(Canyon)들을 향해 출발할 것이다.

옐로스톤과 세렝게티 국립공원

세계 최초 국립공원인 옐로스톤을 돌아보면서 이곳과 비교되는 세렝게티 국립공원(응고롱고로 국립공원 포함)이 떠올랐다.

옐로스톤은 인간을 위한 국립공원인 반면 **세렝게티는 원초적 자연의 주인**인 각종 동식물을 위한 곳이라는 사실이 다름을 알 수 있다.

탄자니아 세렝게티 국립공원은 케냐의 마사이마라 국립공원과 탄자니아 세렝게티, 응고롱고로 국립공원이 같은 초원 위에 **인간의 접근을 제한한 동식물들의 생태계**를 조성하고 있다.

이곳에는 사자, 코끼리, 코뿔소, 하마, 기린, 표범, 버펄로, 하이에나, 얼룩말, 임팔라에 이르기까지 각종 포유류와 파충류 등이 자연의 정해진 질서에 순응하며 살고 있다.

세렝게티 대초원에서 일주일 간 캠핑하며 그들의 세계 속에 **침입자**가 되어 함께 생활했다. 모닥불을 피우고 쏟아지는 별들을 바라보는 낭만도 잠시, 사자의 포효에 소스라치게 놀랐다. 텐트 안에서

웅크리고 초원의 동향에 귀를 쫑긋 세우며 날을 새우는 것이 다반사였다.

초원에 새날은 시작되고, 그들을 찾아 나섰다. 지평선에 점점이 깔려있는 수십만 마리의 누우 떼며, 버펄로, 이들 뒤를 쫓는 사자, 임팔라 떼의 천진난만한 눈망울과 꼬리의 나풀거림은 너무 좋았다. 표범은 세렝게티를 떠날 때야 모습을 드러내며 미소를 지어 보였다.

응고롱고로 대초원의 호수를 지나자 가장자리 밀림속 초원에서 코끼리와 얼룩말의 여유로운 모습이 눈에 들어왔다. 마침 가랑비가 내린 후라 무지개가 만들어지고 있었다.

창밖을 주시하는데 선명한 메아리가 들렸다.
'보라~ 초원과 정글, 그리고 여유로운 동물들'
'하나님이 우리에게 주신 지상 낙원!'

순간 한동안 몸과 마음이 굳어지는 것을 느꼈다.

그 환영(幻影)은 귀국 후 인터넷으로 확인하는 과정에서 나를 더욱 놀라게 했다. 이곳에서 360만 년 전 인류 조상의 화석과 호모 하빌리스의 유골이 발견되었다고 한다.

최근에는 학자들이 대륙별로 사람들을 선발한 인종 표본을 유전자 감식에 의한 모계 혈통을 추적하였다. 이러한 DNA 추적 검사 결과 인류 최초의 조상은 동아프리카라는 사실을 발표했다(모계 혈통은 유전인자의 정통성을 지니고 있다).

옐로스톤과 세렝게티는 지구촌 최상위 포식자 인간에게 자연과 환경 보호의 당위성을 말해주고 있다.

미국 서부, 중부의 감추어진 비경

<1차 여행>
요세미티 국립공원, 라스베이거스…

미국 최대 산맥인 로키는 서부지역 대부분을 차지하며 태평양에서 불어오는 해양풍을 막아준다.

거대한 설산들과 원시림, 빙하가 있고 이들이 만들어낸 협곡, 크고 작은 호수들이 있다. 끝이 없는 모하비 사막(Mojave Des.)의 광활한 황무지를 로키의 협곡에서 출발한 콜로라도강(Colorado R.)이 2,330km를 흐르면서 대평원과 삼각주를 만들고 인근 지역을 중심

으로 촌락과 도시를 형성했다.

　DL2658편 항공으로 오전 8시 32분 솔트레이크 공항을 이륙한 항공기는 오전 9시 35분 LA공항에 도착했다.

　모처럼 햄버거로 점심을 먹고 산타바바라(Santa Barbara) 주변을 산책하고 솔뱅(Solvang)으로 갔다.

　솔뱅에는 덴마크 이민자들이 만든 깨끗하고 아름다운 아담한 민속촌이 있다. 늦은 오후, 지는 태양의 붉은빛으로 물들어가는 동네는 정이 넘치는 고향과도 같았다.

　솔뱅에서 미국 서부의 최대 도시이자 군사요충지인 샌프란시스코(San Francisco)만의 야경을 보면서 늦은 밤 호텔에 도착했다.

　다음 날 샌프란시스코 시티투어에 나섰다.

　트레저 아일랜드(Treasure Island)에서 피셔맨즈 워프('어부들의 선착장'이라는 뜻, Fisherman's Wharf)에 도착하자 부둣가에 많은 사람들이 모여, 마침 바다 위에서 펼쳐지는 에어쇼를 보고 있다. 하늘에서 해수면

4. 미국 서부, 중부의 감추어진 비경

으로 떨어지기 직전 기수를 꺾는 묘기에 아찔함을 느꼈다. 에어쇼를 보고 피어 39(Pier 39)에 들어가 윈도쇼핑을 했다.

그리고 선착장인 페리 빌딩(Ferry Building)과 전망대로 이름이 높은 트윈 픽스(Twin Peaks)를 지나 금문 공원(Golden Gate Park)으로 갔다. 공원을 산책하고 태평양 위에 놓인 미국 최대 현수교인 골든게이트 교량 위로 들어갔다.

골든게이트, 즉 금문교를 걸으며 푸른 하늘과 상큼한 공기, 교량 너머 태평양에 떠있는 수많은 요트들을 보았다. 차량으로만 건너던 다리지만 인도가 있고, 나만의 명소 같은 느낌으로 태평양을 바라보는 마음은 뿌듯했다.

그리고 소살리토(Sausalito) 예술인 마을로 갔다. 아기자기한 마을의 분위기가 다정다감하다. 카페에 들러 창문 너머 태평양의 반짝이는 파도를 보며 에스프레소를 주문했다.

4. 미국 서부, 중부의 감추어진 비경

다음 날, 샌프란시스코에서 요세미티 국립공원(Yosemite National Park)으로 출발했다. 요세미티 국립공원은 로키산맥의 줄기인 시에라 네바다(Sierra Nevada)산맥 서쪽에 있다.

빙하의 오랜 침식 활동은 화강암 지대인 이곳을 기암절벽으로 만들었다. 울창한 원시림, 웅장한 폭포, 하늘을 가로막는 듯한 거대한 암벽은 절경을 만들고 많은 사람을 불러들였다.

소나무가 빽빽한 밸리 롯지(Valley Lodge)에 자리를 잡고 도시락을 먹었다. 마치 소풍 나온 학생처럼 즐거웠다.

요세미티 국립공원의 아름드리 소나무 숲은 상큼하면서도 습한 분위기로 쥐라기 공원에 발을 들여놓은 듯한 야릇한 기분을 느끼게 했다. 숲속에서 내뿜는 피톤치드 향은 나의 가슴을 펴게 만들고 유쾌한 하루를 주었다. 요세미티 국립공원에서의 장시간 트레킹은 팔, 다리, 허리를 뻐근하게 만들었다. 날이 저물자 인근 베이커즈필드(Bakersfield) 호텔로 향했다.

다음 날, 캘리코 은광촌(Calico Ghost Town)으로 갔다. 캘리코는 은광산으로 개척시대 캘리포니아에서 최대 번영을 누린 도시다. 이후 멕시코에서 값싼 은이 대량으로 수입되자 광산은 폐광되었고 이제 폐허로 남았다. 현재는 서부 개척시대의 모습으로 변신해 영화 촬영 및 민속촌의 역할을 하며 여행객들에게 각광을 받고 있다.

캘리코에서 서부의 관광 거점이자 휴양도시 그리고 젊음의 도시로 이름이 높은 라스베이거스(Las Vegas)로 들어갔다.

모하비 사막의 일부였던 이곳에 라스베이거스라는 도시 건설이 가능했던 것은 경제 대공황 때 건설한 후버 댐(Hoover Dam)으로 인해 미드호(Lake Mead)가 생겼기 때문이다. 소양강 댐의 10배가 넘는 담수 용량으로 풍부한 생활용수 공급이 이루어지면서 호텔과 카지노 등 위락시설이 대거 건설되었다.

호텔의 각종 품격 높은 쇼와 카지노는 많은 관광객을 불러 모았다. 덕분에 호텔 숙박비가 다른 도시에 비해 저렴해 서부지역 여행자들의 숙박 거점으로 자리를 잡았다.

서부 주요 캐니언,
브라이스, 자이언, 앤텔로프, 모뉴먼트, 그랜드

라스베이거스에서 아침 일찍 브라이스 캐니언(Bryce Canyon)으로 출발했다. 브라이스 캐니언은 사암으로 이루어진 퇴적층이 풍화 작용에 의해 침식이 되어 물결 문양의 첨탑을 만들었다. 또한 토양의 흙 성분에 따라 분홍색, 크림색, 갈색 등으로 치장한 수많은 뾰족한 바위들은 춤을 추는 듯한 첨탑의 향연을 연출한다.

자이언 캐니언(Zion Canyon)으로 이동하자 생물의 다양성을 간직한 수많은 동식물이 서식하고 있는 웅장한 바위산과 협곡, 터널들이 나타났다.

인디언들은 자이언 캐니언을 '하나님의 정원'이라고 한다. 자이언 캐니언의 깊이를 알 수 없는 아찔한 협곡과 원시림은 아름다움의 극치를 보여주고 있다.

아름다운 협곡을 굽이굽이 돌아 캐나브(Kanab)에서 잠시 휴식을

취한 후 시원한 바람을 따라 앤텔로프 캐니언(Antelope Canyon)으로 향했다. 입구에서 인디언 안내자가 반갑게 맞이해 주었다.

줄을 따라 지하 동굴을 향해 내려갔다. 암벽을 비집고 들어가자 진한 황토색 빛이 주변을 압도하고 매끈한 석질에 분을 바른 듯한 석벽이 나타났다. 우리는 마치 인체를 탐험하는 내시경처럼 깊숙이 들어갔다. 이리저리 만지고 쓰다듬고 싶은 욕망을 갖게 하는, 곱고 매끈한 암벽들이다. 아름다운 선율에 맞춰 율동을 하는 리듬 체조 선수의

4. 미국 서부, 중부의 감추어진 비경

긴 리본이 한 줄기 빛을 받으며 한순간 멈춘 듯 보였다. 자연의 침식 활동은 이처럼 또 다른 아름다운 창조물로 변화되었다.

앤텔로프 캐니언을 나와 인근 인공 담수호인 파웰 호수(Lake Powell)에서 유람선을 타고 호수 주변 황무지인 벌판이 비, 바람, 호숫물에 침식되어 변해가는 모습을 볼 수 있었다.

파웰 호수에서 인디언의 성지 **모뉴먼트 밸리**(Monument Valley)로 향했다. 모뉴먼트 밸리에서 드라이브 투어를 신청하고 모래바람을 일으키는 경쾌한 사막으로의 질주를 시작했다.

이곳은 인디언들의 삶의 터전이다.

북미 인디언을 황무지로 내몬 것은 아이러니하게도 술이었다. 서부 개척자들은 인디언과의 물물교환에서 모피를 받고 인디언에게는 위스키와 럼주를 주었다. 인디언들이 처음 맛을 본 도수 높은 증류주는 뱃속에서 불처럼 뜨거운 기운이 올라왔고 이것을 '불의 물'이라고 부르며 독한 술을 즐기게 되었다.

결국 알코올 중독자가 되고 건강 악화로 죽어 나갔다. 이에 대해 벤저민 프랭클린(Benjamin Franklin)은 자서전에서 "럼주는 인디언을 전멸시키고, 백인 이주자에게 살아갈 땅을 주려고 한 신의 선물이다"라고 표현했다.

 알코올 중독으로 약해진 인디언들에 대한 백인들의 학살은 계속되고 살아남은 인디언 부족들은 자신들의 땅에서 쫓겨나 보호구역이라는 황무지 안으로 끌려갔다. 그들은 현실의 고통을 잊기 위해서 독한 술에 빠져들었다.

 인디언들이 관리하는 모뉴먼트 밸리는 편상 지층이 풍화작용과 사막의 거친 바람으로 쓸려나가면서 곳곳에 아름다운 조형물을 만들어 놓았다. 이를 웅장하고 다양한 형상으로 나타난 하나님의 선물이라 여긴다. 같은 모양은 단 하나도 없었지만 저마다 독특한 아름다움을 지닌 창조물들이었다.
 어떤 조형물도 다른 조형물보다 낫다고 여겨지지는 않는 이유다. 하나하나가 아름다움과 경이로움을 간직하고 있다.
 차를 타고 다니는 동안 곳곳에서 나타난 초대형 석상들은 새롭고 신선한 모습으로 지속적으로 나타나 탄성을 자아냈다.
 대자연이 만들어 내는 석상들은 박물관의 유물처럼 황무지인 대

평원에 진열되어 있었다.

고개가 아프고 눈이 시린 투어를 마치고 모뉴먼트 밸리 인근 플래그스탭(Flagstaff)에서 하룻밤을 머물렀다.

다음 날 미국 서부의 상징인 **그랜드 캐니언**(Grand Canyon)으로 향했다.

애리조나(Arizona)주에 있는 그랜드 캐니언은 그랜드 캐니언 국립공원(Grand Canyon National Park)을 품고 있으며, 협곡의 깊이가 1,500m, 길이는 445km에 이르는 세계에서 가장 경관이 빼어난 곳이다. 20억 년에 걸친 지각 활동과 콜로라도강의 침식 활동의 산물로써 현재도 계속되고 있다.

미국 대륙의 광활함을 여실히 보여주는 그랜드 캐니언은 인공위성에서도 관측된다. 웅장하고 아름다운 모습을 지상에서는 일

부 단면만 볼 수 있기에 경비행기를 이용한 항공 투어를 신청했다.

비행기를 타고 약 6,500m 상공에서 후버 댐부터 미국 중부지역에 이르는 콜로라도강을 따라갔다. 모하비 사막과 미드호를 지나고 굽이굽이 이어지는 그랜드 캐니언의 장엄함을 감상했다.

그랜드 캐니언의 거칠고 위협적인 협곡에서 홀로 카누를 저어 콜로라도강을 따라 탐방하는 역동적이고 감동적인 모습도 보았다. 협곡은 시루떡같이 겹겹이 쌓인 웅장한 단층들로 너무 아름다웠다.

라스베이거스로 돌아와 벨라지오 호텔(Bellagio Las Vegas)의 분수 쇼를 보고 화려한 밤거리를 산책했다. 지구촌 곳곳의 사람들이 모인

4. 미국 서부, 중부의 감추어진 비경

거리는 자유분방함으로 생동감이 넘쳤다.

　스트라토스피어(Stratosphere) 109층 전망대에서 라스베이거스 시내를 조망할 때는 바람이 너무 강하게 불고 추워서 난간에 있는 것은 너무 힘들었다. 아래층 레스토랑으로 내려갔다. 그리고 창가에서 차 한 잔을 마시며 서부 캐니언 일정들을 정리했다.

　다음 날 체크아웃을 하고 로스앤젤레스로 출발했다.
　한인촌 거리를 보며 할리우드로 갔다. 세계 유명 스타들의 꿈과 야망의 스타거리 극장 앞에서 할리우드 유니버설 시티 지하철을 타고 유니버설 스튜디오(Universal Studios)로 갔다.
　지하철역은 건축된 지 아주 오래되어 우범지역 같은 으스스한 느낌마저 들었다. 유니버설 스튜디오 역에서 내려 10여 분 정도 언덕을 올라가니 정문이 나왔다. 분수 위에 지구본이 돌고, 지구본에는 유니버설 스튜디오라는 글씨가 선명하게 적혀있다. 많은 사람들이 각자 취향대로 볼거리와 놀이 기구를 찾아 다니느라 바쁘다. 어느 곳이나 많은 인파가 몰려 있고 생동감이 넘쳤다.
　유니버설 스튜디오에서 다시 지하철을 타고 스타 거리로 갔다.

유명 영화제가 열리는 극장 앞 광장에는 세계적 명배우들의 손도장과 사인이 블록으로 보존되어 있었다. 행사가 있는 것도 아닌데 수많은 인파들이 몰려 있었다. 모두 스타가 된 기분일 것이다. 그런 기분을 느끼고 싶을지도 모른다.

어둠이 깔리기 시작할 무렵에는 발걸음을 그리피스 천문대(Griffith Observatory)로 돌렸다. 이곳은 상습 정체 구간으로 차들이 많이 밀렸다. 천문대를 오르는 길옆에는 많은 시민들이 모여 즐거운 시간을 보내고 있었다. 천문대 광장에서 보는 로스앤젤레스에는 밤안개가 자욱했다.

<2차 여행>
아치스 국립공원, 캐니언랜즈 국립공원, 세도나, 데스밸리

미국 서부 여행 중 로스앤젤레스 인근의 캐니언들은 비교적 쉽게 접할 수 있다.

1차 서부를 여행한 뒤 1년 만에 미국 중부 지역 덴버(Denver), 아치스 캐니언(Arches National Park)과 캐니언랜즈 국립공원(Canyonlands National Park), 남서부의 세도나(Sedona) 그리고 데스밸리(Death Valley)를 여행하며 주변 지역을 둘러보기로 했다.

미국 서부 지역은 대부분 1800년대에 개척이 시작되었다.

이때 멕시코와 영토 협상을 했으나 멕시코 내의 텍사스 공화국 선언과 미국의 텍사스주 합병으로 1846년 멕시코와 전쟁이 시작되었고 멕시코의 패망으로 캘리포니아, 뉴멕시코, 유타, 네바다, 애리조나, 서부 콜로라도, 텍사스 등이 미국 영토로 편입되었다. 이때, 오늘날 미국의 영토가 구획되었다.

로스앤젤레스에서 덴버까지 7~8시간 걸리는 고속도로를 달리다 보면 모하비 사막을 지나게 된다. 곳곳이 도로 공사 중이었다.

사막 중간쯤 왔을 때, 주유소 옆에 초대형 온도계(높이 40.8m-134피트)가 보였다. 사막의 온도도 살피고 드라이브 중 기분 전환도 할

66 　행복해지는 여행

수 있는 재미있는 화젯거리가 되어준다.

　모하비 사막의 최고 기온이 당시 화씨 134도였다. 이에 온도계의 높이를 134피트로 했으며 강풍이 불면 부러져 관리 비용이 많이 들었다고 한다. 야간에는 불이 들어오는 이 지역의 상징물이 되었다.

　아치스 국립공원은 유타주 동부 콜로라도강과 그린강이 만나는, 콜로라도 고원 사막 지역에 형성된 2,000여 개의 천연 아치가 밀집된 곳이다. 숙박이 필요한 여행의 경우에는 상업 시설이 활성화된 인근 도시, 콜로라도주에 위치한 덴버의 시설을 이용하는 게 편하다.

　아치스 국립공원과 캐니언랜즈 국립공원은 붉은 사암이 퇴적과 융기, 비와 거친 바람의 침식과정으로 형이상학적이면서도 기묘한 아름다운 모형을 만들어냈다.

아치스 국립공원에 들어서면 파크애비뉴(Park Avenue) 트레일이 있다. 이곳을 오르다 보면 갖가지 특이한 모양을 한 아름다운 붉은 사암들의 군무가 보인다. 그중 우뚝 솟은 바위에 목련 꽃봉오리가 맺혀 있는 것을 볼 수 있다. 밸런스드 락(Balanced Rock)이다. 강풍이라도 불면 꽃봉오리가 떨어질 것 같아 가슴을 조이게하는 모습이다.

그리고 윈도우 섹션(Windows Section)이 나오고 거대한 바위에 구멍이 난, 노스 윈도우(North Window)와 사우스 윈도우(South Window)를 볼 수 있다. 거대한 암석에 트레일러 몇 대가 다닐 수 있는 구멍이 있다. 눈으로 보면서도 믿을 수 없을 만큼 웅장하고 신비한 모습이다.

이어 에덴의 가든(Garden of Eden)에 이르렀다.

아기자기한 바위들로 이루어진 에덴동산이 눈앞에 펼쳐졌다. 각

　종 바위들이 다양한 모습으로 에덴동산을 만들고, 나의 마음을 사로잡는다.

　황무지처럼 보이는 곳이지만 이런저런 모형의 석조물들은 각자 아름다운 석상으로 탄생했다.

　방향을 바꿔 이동하면 델리게이트 아치(Delicate Arch)에 이른다. 잠금 고리 모양의 초대형 바위가 압도적인 위용을 자랑하고 있다. 빌딩 높이의 바위가 만들어낸 세월과 신비로움을 생각하며, 그곳에서 많은 시간을 보냈다. 아름다운 델리게이트 아치는 유타주의 자동차 번호판 도안에 들어가 있고 유타주의 상징물로 지정되어 있다.

　다시 신비를 찾아 데블스 가든(Devils Garden) 트레일에 이르렀다. 이곳에는 아치스 캐니언의 상징물인 랜드스케이프 아치(Landscape Arch)가 있다.

　세계에서 가장 긴 아치로 길이 89m, 아치 중간 가는 곳의 두께는

4. 미국 서부, 중부의 감추어진 비경　69

2m로써 긴 세월이 주는 변화와 사막의 거친 바람을 실감 나게 했다. 아치의 중간, 가는 부분이 점점 가늘어지는 것을 안내 표지판 사진을 보면서 느낄 수 있었다.

 자연이 빚은 위대한 작품이지만 몇 세기 후에는 바위 조각으로 산화될 것이다. 그러면 인근에 새로운 모습으로 치장한 또 다른 걸작품이 나타나겠지.

 이처럼 지구촌의 모든 것, 동·식물과 바위에 이르기까지 순환하며 재탄생되고 있는 것을 볼 수 있다.

　아치스 국립공원의 상징물들을 보고 캐니언랜즈로 출발했다. 캐니언랜즈 입구에서 메사 아치(Mesa Arch)를 보았다. 두툼한 삼겹살을 구부려 놓은 듯한 아치는 다른 아치와 달리 안정감 있는 모습이다. 아치 뒤로는 확 트인 캐니언 주변 전경을 볼 수 있어 한없이 앉아 있고 싶은 욕망이 일었다. 점심 도시락을 먹으며 커피 한 잔을 마신다면 더없이 좋을 것 같았다.

　그린 리버 오버룩(Green River Overlook)에서 초대형 공룡 발자국 문양의 깊게 팬 협곡을 만났다. 깊게 팬, 함몰된 계곡은 볼수록 신비로웠다. 절벽의 중간, 바위에서 커플이 웨딩사진을 찍으며 키스하는 장면이 포착되었다. 마음으로 가득 축하를 전해주었다.

　트랙스 인 더 캐니언(Tracks in the Canyon)에서는 지표면이 지진이나 풍화작용으로 함몰되어 무수한 세월이 만든 아름다운 절개지 단층의 미를 느낄 수 있었다. 지층의 변화가 만들어낸 벼랑 끝에 서 있으니 지평선 끝 그린강에 저녁노을이 지고, 안개가 피어올랐다. 해가 지면서 어둠이 깔리고 초승달이 떠올랐다.

인디언들이 신성시한 세도나와 데스밸리

피닉스(Phoenix)를 향해 출발한 차는 세도나로 접어들었다. 세도나는 애리조나주에 있는 조그만 도시다. 규모에 비해 쾌적한 환경과 안락함이 최적의 주거 환경을 갖춘 지역으로 손꼽힌다.

세도나의 붉은 사암은 수많은 세월 동안 풍화작용으로 지역의 명물들을 만들고 있다. 붉은 암벽들이 만들어 내는 아름다운 형상의 풍경들은 미의 극치다.

세도나는 인디언들이 성스러운 곳으로 생각해 온 곳이다. 따라서 미국 서부 지역 중에서 개발이 안 된 곳이다. 그만큼 자연이 잘 보존되어 있다는 의미다.

어느덧 세도나에 들어서고 레드락의 표지석이 여행객을 맞이했다. 그리고 종 모양의 벨락(Bellrock)은 먼발치에서 반갑게 인사하는 느낌을 주었

다. 이 지역은 세계에서 기(지력)가 가장 센 곳으로도 유명하다.

벨락을 보고 예약한 호텔로 향했다.

그런데 도로변에 있어야 할 호텔이 보이지 않았다. 인터넷으로 예약한 숙소는 정확한 위치가 어디인지 찾을 수가 없었다. 돌고 돌아 찾아간 숙소는 벨락 플라자 뒤에 있는 여관 급이었다. 프런트에는 아무도 없었다. 책상에 메모 된 전화번호로 전화를 걸어 겨우 체크인, 다음 날 체크아웃을 했다. 물론 실내도 최하급이었다.

다음 날, 명상의 최적지로 불리는 홀리크로스 채플(Chapel of the holy cross)을 찾았다. 가톨릭 성당으로, 환경에 따른 건축 규제가 심한 이곳에 자연 친화적으로 구릉지 암반을 응용한 건물을 지었다. 주변 지역 경관과 아우러져 독특한 미를 보여준다.

아담한 채플은 관광객에게도 개방되어 있다. 채플 앞에는 조그만 정원이 꾸며져 있고, 언덕 너머에는 미국 내 최선호 주거지답게 많은 고급 주택들이 모여있다.

멀리는 운무에 휩싸인 신비한 세도나의 비경이 펼쳐져 보인다.

슬라이드락 주립공원(Slide Rock State Park)에 도착했을 때는 가랑비가 내리고 있었다. 개울 양쪽의 암반은 겹겹이 깎아 놓은 바위를 포개 놓은 듯 보였다. 비가 암반을 촉촉하게 적셔 놓아 이름처럼 슬라이드하기에 딱 좋아 보였다.

자연의 신비는 제약 없는 새로운 아름다움을 창조하고 있다.

다음 날 마지막 목적지 데스밸리로 향했다.

캘리포니아주 남동부에 위치한 데스밸리는 캘리포니아와 네바

다주에 있으며 그 길이가 225km에 이른다. 극단적 자연환경으로 소름 끼치도록 아름다운 죽음의 계곡이라고 부르고 있다. 지표면이 해수면보다 낮아 -82m다. 따라서 중앙에는 호수였던 수면이 증발해 천연 염전이 만들어졌다.

기온은 최고 57도까지 기록하며 월평균 49도, 지면은 88도를 기록한 적도 있다고 한다. 물이 귀해 생명체의 생존 가능성이 희박한 곳이기도 하다. 서부 개척 시대에 이곳에 들어온 대부분의 말과 사람은 죽었다고 한다. 지금도 이곳을 여행하려면 충분한 준비와 자동차에 연료를 가득 채우는 것이 필수다. 물론 지금은 매점이 있다. 재미있게도 물이 귀해 죽음의 계곡인 그곳에서 생수 한 병을 샀는데 상표가 '데스밸리'다.

데스밸리의 대표 명소인 자브리스키 포인트(Zabriskie Point)에 올라 데스밸리의 전경을 바라보았다. 계곡 가운데에 광활한 소금 사막인 솔트 플랫(Salt Flats)이 있고 입구에는 진흙 덩어리로 범벅이 된 악마의 골프 코스가 있다. 그리고 가장자리 언덕에는 아티스트 팔레트(Artist's Palette)가 보인다.

자브리스키를 감싸고 있는 계곡을 돌아 내려갔다.

악마의 골프장을 지나고 계곡 중앙 솔트 플랫에 이르렀다. 이곳에서 소금 사막까지 들어가는 데는 20분 정도를 걸어야 한다. 땀으로 범벅이 되고 더위에 지쳐 진흙으로 버무려진 솔트 플랫에 누웠다.

소금밭에 누우니 너무 편했다.

솔트 플랫의 육각형 소금 결정체(알갱이 하나)는 사람 키보다 컸다.

아티스트 팔레트는 언덕의 표면이 다양한 색으로 노출되어 물감

을 짜놓은 화가의 팔레트를 연상하게 했다. 옆 암벽에는 해수면을 표시한 '시 레벨'(Sea Level)이 표시되어 인상적이다.

   데스밸리는 1차 서부여행에서 보았으나 서운한 마음이 있어 다시 찾은 곳이다. 여유로운 시간은 여행의 질을 한 단계 업그레이드 시켜 준다. 그런데 계기판을 보니 차의 연료가 충분하지 않다. 주유소는 한참을 더 가야 하는데…. 가슴 조이는 드라이브가 될 것 같다.

   이제, 라스베이거스를 거쳐 출발지 로스앤젤레스로 가게 된다.

카리브해의 보석 쿠바(Cuba)

짙은 에메랄드빛이 반짝이는 카리브해의 보석 쿠바. 1492년 콜럼버스는 쿠바를 처음 발견하고는 '지상 최대의 아름다운 섬'이라고 감탄했다고 한다.

멕시코 칸쿤국제공항을 이륙한 항공기는 1시간 20분을 날아 오후 1시 15분 쿠바 하바나 국제공항에 도착했다. 카리브해의 진한 에메랄드빛 수평선이 시야에 들어왔다.

공항을 나온 뒤 카사블랑카의 리틀 예수상을 보고 구시가지로 갔다.

구시가지에서는 스페인의 고풍스러운 주택 및 건축 문화를 볼 수 있었다. 스페인 문화를 보는 듯 새로웠다. 침략의 역사와 그 속에서 살아야 하는 원주민은 생존의 법칙 속에 거부될 수 없는 운명을 지니고 있다.

모리성에서 바라본 카리브해는 떨어지는 태양으로 붉게 물들기 시작했다. 솜사탕처럼 깨끗한 구름과 푸른 하늘, 청정 지역인 쿠바의 선셋(sunset)은 카리브해를 붉게 물들이며 아름답다 못해 황홀한 광경을 연출했다.

노을을 뒤로 하고 클로니얼 야간 포사격이 있는 고성으로 들어갔다. 쿠바 군인들이 행사를 준비하고, 이어 흰색 스페인군 전통 복장을 한 군인들이 포사격을 위해 절도 있으면서도 일사불란하게 움직였다. 여행자들은 행사 시간 내내 긴장감을 갖고 바라보았다.

다음 날 헤밍웨이(Ernest Hemingway)가 머물렀던 저택, 지금의 헤밍웨이 박물관(Museo Ernest Hemingway)으로 갔다. 헤밍웨이의 흔적이 남

아 있는 서재, 응접실, 침실들이 생전의 모습 그대로 보존되어 있었다. 벽에는 각종 사슴들의 뿔이 장식되어 있고 책상에는 퓨마가 입을 벌리고 노려보고 있었다. 헤밍웨이는 사냥을 즐겼고, 박제품들은 그의 전리품들이라고 한다.

서재와 거실의 창문 너머로 카리브해가 보이고 정원과 테니스장이었던 가장자리에는 '노인과 바다'의 소재인 낚싯배가 있다. 낚싯배 앞에 애견들의 비문이 있고 낮은 돌담과 야자수, 잡목들이 저택을 감싸고 있다.

나는 카리브해를 바라보며 돌담에 앉았다. 그리고 거친 파도 속에서 커다란 청새치와 싸우는 노인을 그려보았다. 노인의 모습이 레벨업 되고 잔잔한 음악과 커피를 생각나게 했다.

헤밍웨이와 피델 카스트로(Fidel Castro)는 돈독한 사이였다. 헤밍웨이는 자신의 원고료의 일부를 혁명 자금으로 카스트로에게 기부했다. 그리고 쿠바에서 저택을 구입할 때와 사후에 그가 머물렀던 주택을 박물관으로 만들 때는 피델 카스트로의 도움을 받았다.

또한 헤밍웨이는 쿠바 관광사업에서 큰 비중을 차지하고 있다.

헤밍웨이 박물관을 나와 그가 사색하며 산책했을 카리브해의 어촌 마을 코히마르(Cojimar)로 갔다. 한적하고 한없이 고요했다. 코히마르 성과 마을 어귀의 나루터에서는 어린아이들과 놀았다는 인자하고 자상한 '파파 헤밍웨이'가 떠올랐다.

카리브해! 멕시코와 유카탄 반도 그리고 쿠바!

    지금도 한국인의 긍지를 지키고 있는 1,000여 명의 애니깽 후손들이 쿠바에 살고 있다. 1905년 을사보호조약 후 일본 인력회사의 사기에 빠져 멕시코로 농업 이민을 떠난 조선인들을 애니깽이라고 부른다. 대한제국의 패망으로 국제 미아가 된 이들은 1920년 쿠바로 건너가 정착했다. 국가 잃은 서러움을 극복하고자 노예와 같은 삶 속에서도 조국을 위해 독립군으로, 또는 독립자금 마련을 위해 작은 돈이나마 함께 모았다.

    그 중심에는 독립자금 마련을 위해 쿠바를 찾은 도산 안창호 선

생님이 계기가 되었고, 해외 독립운동의 선봉에서 이를 지휘한 임천택 선생님이 있었다. 이후 임천택 선생님은 대한민국 정부로부터 그 공을 인정받아 독립유공자로 훈포장을 받았다.

코히마르 어촌 마을에서 엘 카피톨리오(쿠바 국회 의사당, El Capitolio)에 갔다. 미국 국회 의사당을 본떠 만든 것이라고 하는데 그 크기가 웅장하고 아름다운 건물이었다.

곧이어 아르마스 광장, 산 프란시스코 광장, 대성당 등을 둘러보고 헤밍웨이의 술집으로 유명한 '라 보떼기따 델 메이오'(La Bodeguita del Medio)로 향했다.

전통 가옥들이 즐비한 조그만 골목길에 들어가자 알 수 없는 수많은 낙서가 빼곡한 델 메이오가 나왔다.

많은 사람들이 좁은 골목길을 메우고 있었다.

헤밍웨이의 술로 유명한 모히토를 사려는 사람들이었다. 여행객들의 틈바구니에 나도 끼어들었다. 모히토 한 잔을 손에 들고나니 헤밍웨이를 만난 듯 즐거웠다. 은은한 향과 부드러운 맛의 모히토는 여행의 맛을 더해주었다.

골목 어귀에서 기타를 치며 노래하는 거리의 악사들이 보였다. '베사메 무초'를 부르는 4인조 밴드의 은은한 리듬은 흥을 돋우며 큰 즐거움을 주었다.

경쾌한 리듬을 들으며 점심을 먹기 위해 '부에나 비스타 소셜 클럽'(Buena Vista Social Club)으로 들어갔다. 가벼운 식사와 함께 악단들의 반주에 맞추어 '관따나메나'(Guantanamera)를 부르며 함께 어울렸다. 모처럼 여유로운 시간이었다.

하루 일정이 끝나고 호텔로 돌아왔을 때는 지치고 피곤했다. 하지만 말라콘 해변으로 나갔다. 카리브해의 일렁이는 파도를 따라 방파제 옆 해안 도로를 거닐었다. 간간이 가게들이 있고 방파제에서 낚시하는 사람들도 제법 많았다. 말라콘 해변을 10km 가량 걷다 보니 모리성 앞에 이르렀고 발바닥은 부어올라 통증이 느껴졌다.

지친 몸을 이끌고 방파제에 앉았다. 해가 지면서 아름다운 카리브해가 붉게 물들어가고 태양이 카리브해의 바닷속으로 빠지는 것을 지켜보았다.

돌아오는 길에는 하바나에서만 볼 수 있다는 코코 택시를 타고 호텔로 돌아왔다. 호텔 로비에서 얼음을 탄 시원한 데킬라 한 잔을 마셨다. 오늘은 꼭 마시고 싶었다.

5. 카리브해의 보석 쿠바(Cuba)

아침이 되자 호텔 커튼 사이로 카스피해의 눈부신 태양빛이 스며들었다. 오늘은 멋진 올드 클래식 '오픈카'를 타고 드라이브를 할 예정이다.

쿠바의 멋진 올드카에는 숨겨진 이야기가 있다. 쿠바는 경제 봉쇄로 자동차의 수입이 금지되자 자구책으로 중고차를 고쳐 쓰기 시작했다. 그러다 보니 중고 자동차 수리 전문가가 되어 오늘의 올드카가 탄생한 것이다.

스페인 통치 시대의 유물이 곳곳에 남아있는 아름다운 도시 하바나를 '작은 유럽'이라고도 부른다.

그리고 빌딩과 광장에는 피델 카스트로(Fidel Castro)와 체 게바라(Che Guevara)의 동상과 벽화들이 곳곳에 있다.

하바나 시가지를 드라이브하던 중 혁명광장에서 잠시 시간을 가졌다. 109m의 혁명 기념 탑인 호세 마르티 기념비가 있고 광장 앞에는 내무성 건물이 있다. 벽에는 피델의 혁명 동지 체 게바라의 모습이 그려진 벽화가 있다. 벽화에 있는 체 게바라 사인 옆에는 체 게바라가 쿠바를 떠나며 피델에게 쓴 편지에 남긴 말이 적혀있다.

'영원한 승리의 그날까지'

오픈카를 타고 에메랄드빛이 반짝거리는 카스피해의 말라콘 해변을 지나는 중 그리 멀지 않은 직선거리에 미국 마이애미 해변이

있다고 한다.

쿠바 사람들에게 미국 마이애미 해변은 남다른 의미가 있다. 쿠바를 탈출한 수많은 사람들이 집단 거주 지역을 형성하고 있는 곳이기 때문이다. 이들은 자유를 찾아 떠났지만 고국 쿠바를 그리워하고 있다.

'행복은 내 가슴속에 있는 많은 생각을 버리는 것'이라고 했다.

TRAVEL 6 멕시코 그리고 파나마/마야문명

멕시코 원주민 인디언의 역사는 B.C. 2,000년경부터 촌락을 형성하며 발전했다.

멕시코 중앙고원에서는 테오티우아칸(Teotihuacan)의 태양과 달의 피라미드를 중심으로 고대국가가 건설되어 아즈텍 문명(Aztecan Civilization)을 만들었고 칸쿤, 카리브해의 아름다운 에메랄드빛 파도가 몰려오는 유카탄반도에서는 마야문명(Maya Civilization)이 시작되어 치첸 이트사(Chichén Itzá)의 고대문명이 화려한 꽃을 피웠다.

아즈텍 제국문화를 형성한 고대국가는 1521년 8월 에스파냐 탐험대에 의해 정복되었고, 300년간의 식민통치는 혼혈문화를 만들었다. 이후 1821년 코르도바 협정으로 독립을 맞이했다.

하지만 정치인들의 대립과 정국의 혼란은 1846년 미국과의 전쟁으로 북부지역의 영토를 상실했다.

오늘날 멕시코의 심각한 빈부격차는 많은 사회 문제를 낳고 있으나, 안정적 정책 기조와 미국 향-기반시설, 석유 수출, 관광 산업 등으로 국부를 쌓고 있다.

이번 일정은 교통의 편리상 **쿠바 방문과 연계**되어 멕시코 시티에서 칸쿤으로 갔다. 칸쿤에서 쿠바로, 그리고 쿠바에서 멕시코 시티로 돌아와 관광을 한 후 파나마로 가는 코스다.

인천에서 멕시코 시티 직항편을 이용했다. 장장 14시간의 긴 여정이었다. 그리고 환승편을 이용해 2시간 15분 후 칸쿤 공항에 도

착했다. 그때 시간이 오후 4시 50분이었다.

카리브해를 따라 깔끔하게 단장된 도로를 따라 호텔에 도착했다. 에메랄드빛 카리브해의 파도가 넘실거리고 야자수들이 늘어선 도로는 그 자체만으로도 아름답고 가슴을 설레게 했다. 호텔에서 체크인 후 호텔 뒤의 해변으로 나갔다.

시원한 수평선과 고운 모래, 에메랄드빛 카리브해가 다가왔다. 높은 파도가 치는데도 백인 커플은 물장난을 하고 있다.

칸쿤 휴양지는 10여 km에 이르는 모래사장을 따라 호텔들로 이어져 있다. 편안한 신혼여행의 천국이라 할 만하다. 어둠이 자욱하게 드리워질 무렵, 호텔 로비에 들어서자 데킬라 한 잔을 주었다. 잔을 들고 해변 발코니로 나가 어둠이 짙게 깔린, 파도 소리만 요란한 카리브해를 바라보며 마셨다. 그리고 한 잔을 더 달라고 했다.

긴 비행시간에 지친 몸과 마음이 녹아내렸다.

카리브해의 눈부신 태양이 깊은 잠을 깨우고 로비에 내려가 원데이 투어 일정에 참여했다. 치첸 이트사와 세노테(Cenote) 관광 일정이다.

칸쿤이 있는 유카탄반도는 마야문명의 발생지이다. 고대 마야인들은 치첸 이트사를 중심으로 5세기경 최고의 전성기를 누렸다.

마야문명은 사회, 경제, 천문학, 수학, 의학과 예술적 측면까지 뛰어났다. 특히 상형 문자를 사용한 마야는 라틴 아메리카 중에서도 발달 된 고대문명을 이루었다고 평가받는다.

치첸 이트사의 쿠쿨칸 피라미드(Kukulcan Pyramid)는 세계 7대 불가사의 유물로 춘분과 추분에는 기단에 깃털 달린 뱀의 그림자가 나타난다고 한다. 또한 4개면은 364개의 계단이 있고 상층부 제단 1

6. 멕시코 그리고 파나마/마야문명

개를 포함, 총 365개의 계단으로 이루어져 있다.

피라미드 신전 정상 내부에는 제단으로 쓰였을 재규어 형상의 청옥이 장식된 왕좌가 있다. 이곳 정상에서 제사를 지냈으며 천체 관측으로도 사용되었다고 한다. 이는 과학과 수리학 그리고 천문이 합치된 마야 최대의 걸작품으로 손꼽힌다.

하지만, 마야와 아즈텍의 화려한 인디오 문명도 에스파냐(스페인)의 침략으로 전환기를 맞았다. 침략자들은 고대 마야인을 피의 제사를 지내는 야만인으로 단정하고 인류 최악의 살육을 자행했다. 마야는 결국 몰락했고 에스파냐의 혼혈정책에 의한 혼혈 문화가 멕시코의 새로운 문화를 형성하게 되었다.

치첸 이트사의 피라미드와 제단, 당시의 우물 등을 둘러보고 세노테로 갔다. 세노테는 약한 지반 때문에 생긴 초대형 싱크홀에 물이 고인 곳이다. 식수가 부족했던 당시 최고의 식수 공급원이었다.

오랜 세월이 흐르면서 동굴 특성상 이끼 식물과 수생대가 형성되고, 나무뿌리는 수직 동굴을 타고 실타래처럼 길게 늘어트리며 독특한 모양을 만들었다. 그리고 출구 쪽 동굴로 이어지는 아름다운 모습은 맑고 깊은 물과 함께 많은 관광객을 불렀다. 그들은 다이빙과 수영을 즐기며 여유로운 휴가를 보낼 수 있었다.

호텔로 돌아온 뒤 로비와 해변을 오가며 잔잔한 음악과 시원한 데킬라, 모래와 파도가 있는 카리브해를 보며 여유로운 시간을 보냈다. 물론 바에서는 경쾌한 리듬과 춤 그리고 노래를 부르고 있었다.

쿠바 일정을 마친 후 오후 1시 하바나 공항을 이륙한 비행기는 **멕시코 시티** 공항에 오후 5시 20분에 도착했다. 나는 시내 중심가인 쉐라톤 마리아 호텔에 투숙했다.

호텔 앞에는 멕시코 독립의 상징인 앙헬탑(Torre de Àngel)이 비를 맞으며 오색 조명에 빛나고 있었다. 저녁 식사 후 앙헬탑 주위를 맴돌았다. 탑 신 둘레에는 독립의 역사를 기록한 시대별, 사건별 조각들이 새겨져 있고 멕시코 독립의 과정을 한눈에 볼 수 있었다.

아침이 되자 비는 그치고 햇볕이 따사롭다. 아침식사 후 통신회사로 세계 최대 재벌이 된 '까를로스 슬림'이 사망한 부인 '수마야'를 기리기 위해 설립한 수마야 박물관으로 향했다. 멕시코 시티의 금융, 상업의 요충지인 폴란코에 독특하고 아름다운 외관을 지닌 박물관이다. 개인 박물관으로는 유일하게 세계 10대 박물관에 선정되었다.

레오나르도 다빈치, 미켈란젤로, 보티첼리, 로댕, 르누아르 등 세계 유명 예술가들의 작품이 6만 5,000점에 이르고 다른 곳에서는 보기 힘든 십자가 예수님상 등 희귀하고 진귀한 작품들을 소장하

고 있다. 특히 생전의 수마야는 로댕을 좋아했기에 400여 점 정도의 로댕 작품을 소장하고 있다. 개인으로는 세계 최대 소장자라고 한다. 총 6층으로 된 대형 전시실임에도 작품 수가 많아 전시 공간이 협소해 보일 정도다.

수마야 박물관을 건축한 까를로스 슬림을 보면서 인도의 타지마할에 대해 이야기하고 싶어진다.

인도 무굴 제국의 샤자한 왕과 금슬이 좋았던 '아르주 만디 바누베감' 왕비는 1631년 출산 중 사망하게 된다. 이듬해, 샤자한 왕은 왕비의 영면을 위한 '뭄타즈 마할'(선택받은 궁전) 즉 '타지마할'을 아그라 성에서 바라볼 수 있는 강가에 건축하도록 명하고, 1643년 완공하게 된다. 그리고 샤자한 왕은 평생을 왕비를 그리워하며 살았다고 한다.

타자마할은 세계 최고의 아름다운 건축물로 손꼽힌다.

박물관을 나와 아즈텍 시대 수도였던 소치밀코를 찾아갔다. 운하에서 보트를 타고 숲이 우거진 강변을 형형색색의 보트 사이를 비집고 다녔다. 악사들이 배를 옆에 대고, 노래를 부르며 즐거움을 더해 주었다.

6. 멕시코 그리고 파나마/마야문명

　소치밀코에서 국립 인류학 박물관으로 갔다.

　이는 마야문명으로부터 스페인 식민 시대에 이르는 유물 전시관으로 세계 3대 인류학 박물관이라고 한다. 고대 유물과 마야의 전통 유물, 제단에서 쓰였던 물건, 즉 피의 제사를 지낸 물건들을 보니 섬뜩했다. 반면에 수리, 천문학에 대한 유물들은 그 시대의 발전된 문명을 보여주었다.

　다음 날, 오래된 전통의 도시이자 천사의 도시라 불리는 푸에블라로 향했다.

　푸에블라에는 '치유의 성모 성당'(Santuario de Nuestra Señora de los

Remedios)으로 불리는 촐룰라 성당이 있다.

힘들게 언덕을 오르자 진한 노란색의 촐룰라 성당이 보였다. 그런데 언덕 흙 속, 성당 밑에 피라미드가 있다고 한다.

인디오의 최대 규모였던 피라미드가 흙더미로 묻히고 그 위에 성당이 세워졌다. 입구 도로변에서는 피라미드의 일부를 발굴하는 중이었다.

성당에서 내려와 찰데두스, 사탕과 디저트 거리를 산책하고 호텔로 돌아왔다.

다음 날, 아침 공기가 상쾌하다. 날씨가 연일 좋았다.

여행 중 이런 날씨가 계속되면 행복할 뿐이다. 그런데 차가 출발하면서부터 구름이 많아졌다.

　오늘은 라틴 아메리카의 가톨릭을 대표하는 세계 3대 성지 중 한 곳이며 1대 성모 발현지인 과달루페 성당(Basílica de Guadalupe)으로 갔다. 과달루페 성당은 유일하게 발현 증거가 있는 가톨릭 성지다.
　1531년 12월 9일 멕시코 시티 테페야크 산에서 일어난 '성모 발현'을 '과달루페의 성모 발현'이라고도 한다.
　'성 후안'(San Juan Diego)이 테페야크 산을 지나는데, 파란색 망토를 걸친 갈색 피부의 원주민 여인이 나타나 "하나님의 어머니 성모 마리아다"라며 이곳에 성당을 건축하라고 했다.
　성 후안은 이를 스페인 주교 '수마라'에게 전하자 주교는 '성 후안'에게 기적의 증표를 요구했다. '성 후안'은 기도를 하며 성모 마리아에게 이를 아뢰었다. 이에 성모 마리아는 테페야크 산 정상에 가면 장미꽃이 만발해 있을 테니 이를 주교에게 바치라고 했다. 12월 추운 겨울인데도 산 정상에는 장미꽃이 피어 있었고 후안은 자신의 망토에 장미꽃을 가지런히 담아 주교에게 보여주었다. 망토를 벌리는 순간 장미꽃이 흩어지며 후안의 망토에 성모 마리아 형상이 새겨졌다. 이에 주교는 참회의 기도를 올리고 성당을 건축하게 되었다.

이후 멕시코 종교는 대변화를 맞이하게 된다. 피의 제사, 인신 공양이 줄어들고 가톨릭으로의 개종이 급증하게 되었다.

성모상이 새겨진 망토는 과달루페 성당에 잘 보존되어 있다. 현재는 이 망토를 과학적으로 분석하기 위해 각 분야의 전문가와 미국 항공 우주국 나사까지 나서서 감식했으나 직물이나 염료, 색감 모든 면에서 아무런 문제점이 없었다고 한다.

이제 인디오를 만나러 갈 시간이다.

천년의 숨결이 들리는 고대 유적지 테오티후아칸 피라미드다. 테오티후아칸은 '신의 성지, 신이 자란 곳'이라는 뜻이다.

태양의 신전 피라미드와 달의 신전 피라미드가 있고 중앙에 광장이 있다. 태양의 신전은 규모 면에서 세계 3대 피라미드에 속한다고 한다. 높이가 높아 많은 계단을 오르는데 중간에 쉬어가며 올랐다. 정상에서는 신전 일대 광장과 달의 신전을 바라볼 수 있었다. 넓은 평원에 펼쳐진 피라미드 유적지는 상쾌한 기분을 안겨주었다.

그리고 그곳을 조심스럽게 내려와 달의 신전으로 갔다. 달의 신전 옆 제단 앞에는 거대한 바위가 놓여 있다.

태양 신전과 달의 신전으로 연결되는 중앙 광장을 중심으로 고대 아즈텍 문화가 크게 번성했다.

아즈텍 문화의 중심지에서 소칼로 광장으로 갔다.

소칼로에는 대통령 궁과 메트로폴리탄 대성당이 있다. 대성당에는 인디오 망토를 걸친 흑인 십자가 상이 있다. 전혀 예기치 못한 십자가 상을 보고 사뭇 놀랐다. 이는 멕시코 가톨릭의 변화된 모습을 잘 보여준다. 인디오의 전통문화와 멕시코의 식민 지배 그리고 혼혈 정책에 의한 문화, 문명의 변화를 보여준다.

고대 마야의 화려한 제국 문화가 가톨릭으로 대변되는 서구 문명을 받아들인, 인디오의 역사를 간직하고 있는 멕시코의 현재를 보았다.

파나마

파나마(Panama)는 콜롬비아의 여러 개의 주 중 하나였던 열대 우림 정글과 습지로 이루어진 나라다.

프랑스에 의해 수에즈 운하와 함께 설계되었던 파나마 운하는 정글과 습지의 모기로 말라리아가 창궐해 인부들이 도망가게 되고 결국 공사가 중단되었다.

미국은 공사 재개를 위해 콜롬비아 정부와 협의를 했으나 의견 차이를 좁히지 못하고 마침 파나마 원주민의 독립운동 지원으로 방향을 바꾸었다.

미국의 적극적인 개입으로 원주민의 독립운동은 1903년 콜롬비아에서 분리 독립하게 된다. 이후 파나마로부터 운하에 대한 전권을 위임받은 미국은 군대를 주둔시키고 1914년 파나마 운하를 개통했다. 파나마 운하는 항해 시간의 단축으로 해운업의 획기적인

발전을 가져왔다.

별다른 자원도 없고, 정글로 이루어진 파나마는 운하 개통이라는 좋은 기회를 얻었다. 운하 수입은 재정적으로 큰 도움이 되었다. 그리고 각종 세금의 면제 또는 우대로 글로벌 기업들을 유치한 파나마는 국가의 재정 수입을 확대했다.

해운사나 항공사가 대거 파나마 국적인 이유가 여기에 있다.

태평양 연안의 신도시 지역 빌딩과 리조트들이 즐비한 것도 이와 무관하지 않다.

파나마는 공항, 호텔, 주택가, 시내 도로 등 모든 것이 깨끗하고 잘 정돈되어 있다. 도로변에는 고급 리조트와 주택들도 눈에 띈다.

파나마 운하에 도착하고 운하를 통제 관리하는 관리동 건물에 올라갔다.

태평양과 대서양의 물줄기가 합류하는 운하 입구에는 거대한 화물선이 갑문을 통과하기 위해 대기하고 있다. 이 좁은 통로를 거대한 상선들이 오간다고 생각하니 신비할 따름이다.

구도심 주택과 상가들이 있는 골목길을 따라 투어를 하고, 신도시 빌딩군들을 보며 태평양 연안을 드라이브했다.

신구 도심을 연결하는 고가도로 교각 밑에서 노점상이 잡화를 팔고 있다. 주변에 아무것도 없는 도로 위의 판잣집 잡화점이 매우 인상적이었다.

태평양 연안의 방파제 좌우로는 신·구 도시가 함께 보인다. 파나마의 어제와 오늘을 볼 수 있어서 좋았다.

기사에게 "두 시간 후에 오겠다"라고 말하고 주변을 산책했다. 태평양의 시원한 수평선을 바라보며 야자수가 우거진 공원은 휴식하기에 너무 좋았다.

공원을 산책하고 약속한 장소에 갔다. 그런데 택시도 없고 기사도 보이지 않았다. 한참을 찾았지만 어디에도 택시와 기사의 모습이 보이지 않았다.

너무도 황당했다.

택시에는 캐리어와 모든 짐이 있다.

1시간 이상 주변을 돌면서 찾아보고 인근 주민에게 물어보았지만

허사였다.

무섭고 두려운 생각들로 혼란스러웠다.

이렇게 오딧세이의 노바디가 될지, 썸바디가 될지 모르는 유랑이 시작될 수 있겠다고 생각했다.

이는 유랑에서 귀향까지 무시무시한 공포, 시간이 멈추어버린 환락, 미로 속에 감추어진 계략이 난무하는 사건 속에서 헤매게 되는 신데카메론을 떠올리게 했다.

'대사관에 연락해야 하나?'라고 생각하며 허탈하게 걷고 있을 때 눈에 익은 택시가 보였다.

기사는 택시 안에서 낮잠을 자고 일어났다. 그리고는 아무런 일도 없었다는 듯, 이곳 야자수 그늘이 편해 왔다고 한다.

아무튼, 다행이다.

출국 시간에 맞춰 공항에 무사히 도착할 수 있어 다행이다.

모든 것에 감사할 따름이다.

페루 리마에서 쿠스코/잉카제국

어느 여행 때 보다 공항에 일찍 도착했다.
오전 11시 출국장에서 기대되는 설렘보다는 마음이 무겁다.
여행은 오늘만을 생각하며 떠나는 것이다.
내가 바라보는 세상 뒤에는 숨겨진 모습도 존재할 것이다.
모든 것은 믿음에 의해 좌우된다.

비행기는 이륙하고 기내에는 커피 향이 그윽하다. 눈을 감으니
생각이 조금 정리되고 마음이 편해진다.

　LA공항에 도착한 것은 현지시간 오전 9시 30분경이었다. 페루(Peru)의 수도이자 남미 여행자들의 출발점이기도 한 리마(Lima)로 향하는 비행기를 타기 위해 환승 게이트로 향하는 발걸음이 빨랐다.

　자정이 지난 늦은 시간 페루 리마에 도착했다.

　호텔에 짐을 풀고 잠을 설치고 있을 때 전화벨이 울렸다. 시계를 보니 아직 약속 시간이 남아있었다. 아마도 시계를 잘못 맞춘 모양이다. 나는 카메라를 챙겨 들고 황급히 나갔다.

　오늘 일정은 리마 시가지를 구경하고 박물관과 라르코마르(Larco mar) 비치를 산책하며 잉카에서의 첫날을 보내기로 했다.

　호텔 앞에서 택시를 타고 국립 고고학 인류학 박물관(Museo Nacional de Arqueología, Antropología e Historia del Perú)에 도착했다. 박물관에서 아마존 정글에서 꽃피운 아름다운 잉카의 화려한 문명

7. 페루 리마에서 쿠스코/잉카제국

들을 보았다. 각종 생활 도구와 도자기의 해학적인 모양과 화려한 원색의 옷, 모자 등 각종 문양은 고대 원주민의 모습을 보여주었다.

리마 구시가지인 아르마스 광장(Plaza de Armas)에는 대통령궁(Presidential Palace)과 대성당(Cathedral of Lima), 토레 타글레(Torre Tagle) 궁전 등이 있다. 대통령궁 앞에는 행사 준비로 폴리스라인을 치고 외부인의 접근을 차단하고 있었다.

구시가지에서 라르코마르 비치로 갔다.

대형 쇼핑센터와 연인들의 공원, 모래사장, 태평양의 거친 파도, 수많은 파라솔과 수영 또는 일광욕을 즐기는 사람들….

라르코마르 비치에서 페루의 아기자기한 일상을 보았다. 비치 언덕에 있는 연인들의 공원에는 극락조 꽃이 군락을 이루고 있었다.

이는 태평양으로 지는 태양과 어우러져 아름다웠다.

페루의 상큼한 공기와 맑은 햇살, 수많은 사람들의 움직임을 보며 비치의 화려한 불빛이 파도에 비칠 때까지 여유로운 시간을 보냈다.

나스카 라인

아침 일찍 와카치나(Huacachina)를 향해 출발했다.

해안선을 따라 간간이 보이는 태평양의 푸른 물결과 별장들을 보면서 이카(Ica)에 도착했다. 휴양지 이카는 사람들이 드문 한적한 바닷가, 태평양 고도에 온 느낌이었다. 해물로 요리한 점심을 먹고 황량한 허허벌판을 지나 내륙의 사막인 와카치나 오아시스에 도착했다.

와카치나 오아시스는 넓은 사구 속에 있는 오아시스의 독특한

환경이 주는 신비로운 멋을 간직하고 있었다. 모래 사구를 버기카로 질주하고, 가파른 언덕을 구를 듯 미끄러져 내려가는 스릴을 느꼈다. 언덕을 몇 차례 오르내리며 흙먼지를 뒤집어쓰고 있는 사막에는 노을이 지고 있었다. 모래 언덕의 노을은 오아시스에 있는 야자나무 숲에 땅거미를 드리웠고 오아시스는 어둠 속에서 주변 불빛에 반사되어 보석처럼 빛나며 색다른 운치를 주었다.

수많은 별들이 빛나며 쏟아져 내릴 때 커다란 야자수 뒤에 자리한 레스토랑으로 들어갔다. 그리고 창가에 앉아 스테이크를 주문하고 와인을 곁들였다.

오아시스 롯지에서 보낸 밤은 사막의 강렬한 햇살이 커튼 사이를 비집고 들어오면서 깨어났다.

간단한 아침 식사를 하고 나스카 문양을 보기 위해 2시간 거리

에 있는 공항으로 갔다. 나스카 공항은 경비행기 3~4대가 관광객을 태우고 수시로 이착륙을 하고 있었다.

 탑승 수속을 마치고 게이트를 지나 활주로로 나갔다. 잠시 후 6인승 경비행기는 이륙했다.

 기장은 지평선 위의 희미한 문양인 거미, 원숭이, 펠리컨, 콘도르, 개, 나무, 우주인 등이 나타날 때마다 위치를 알려주었다. 문양 하나의 크기는 축구장 보다 훨씬 컸다. 고속도로변의 커다란 컨테이너 트럭과 비교해 보니 그 크기를 가늠할 수 있었다. 처음 얼마간은 탄성을 지르며 열심히 문양을 찾았으나 시간이 지나면서 심한 멀미를 느끼며 괴로워했다. 참기 힘든 구토를 느낄 즈음, 다행히도 비행기가 활주로에 접근하고 있었다.

사막에 수놓은 문양을 바라보는 마음은 신비로움에 휩싸였다. 나스카 라인은 고대 인류의 경이롭고 불가사의한 문화유산으로 꼽힌다. 또한 지상에서 실측이 불가능한 초대형 문양을 누가 무슨 이유로 만들었는지 풀 수 없는 의문을 남겼다.

이제 잉카제국의 수도 쿠스코(Cusco)로 향한다.

쿠스코

잉카제국은 1197년 쿠스코 왕국으로 출발하였고, 1533년 신 잉카제국으로 번성을 누렸다. 잉카제국은 오늘의 페루, 콜롬비아. 에콰도르, 볼리비아, 칠레를 아우르는 대제국이었다. 잉카인은 쿠스코를 세계의 중심(배꼽)이라고 말한다. 쿠스코는 잉카의 문화, 문명, 생활의 중심지다. 원주민에게 잉카란 태양신을 섬기는 태양의 아들이라는 뜻인데 황제를 지칭한다.

잉카제국은 제사장이 주민의 정신과 육체를 지배했다. 제사장은 왕, 곧 잉카였던 것이다. 반면 하늘에는 콘도르, 땅은 퓨마, 지하는 뱀이 지배한다고 믿었다. 왕은 신이 되어 절대 권력을 행사하고, 주

민은 제사장인 왕에게 절대복종하는 문화가 형성되었다. 이러한 결집된 힘은 잉카문명을 발전시키는 원동력, 구심점이 되었다.

 잉카의 멸망과 함께 고대 잉카에 대한 열망 속에 그들이 가지고 있던 황금에 대한 환상을 꿈꾸는 이들이 많아졌다. 엘도라도(El Dorado)와 파이치치(Paichichi)로 대변되는 환상 속의 이상향이기도 하다.
 엘도라도는 황금의 땅, 황금 인간 즉 추장을 가리키며, 파이치치는 황금이 숨겨진 마을을 말한다. 근세기에는 파이치치의 황금을 찾아 헤매던 수많은 탐험가들이 정글 속에서 사라졌다고 한다.

 쿠스코는 3,400m 고원 지대에 위치한 도시로써 아르마스 광장을 중심으로 그 시대의 각종 유물과 유적지가 널리 분포되어 있다. 잉카 유적인 켄코(Qenqo), 탐보마차이(Tambomachay), 푸카푸카라

(Puca Pucara), 삭사이와만(Sacsayhuaman), 모라이(Moray), 오얀따이땀보(Ollantaytambo) 등이 있으며 이를 통해 그 시대의 정치, 군사, 생활 문화, 농업의 체계적인 관리를 볼 수 있었다.

삭사이와만은 쿠스코를 방어하기 위한 군사적 요충시설이었다. 3,540m 구릉지 정상에서 수도 쿠스코를 방어하기 위한 성인데 거대한 바위의 규모나 성벽을 조성한 섬세한 석조 건축술은 보는 이를 의아하게 만든다. 수많은 큰 바위들을 옮겨 온 것과 쓰임새에 맞게 조합에 놓은 것 등 바위와 바위 사이에 틈 하나 없이 정교하게 맞물려 뒤틀림이나 흔들림 없는 완벽한 성을 만든 것은 경이로웠다.

이러한 고대의 찬란한 잉카 문명도 멸망과 함께 사라져 버린 것은 아쉬운 역사의 한 장을 느끼게 한다.

쿠스코 대성당은 페루에서 건축미가 빼어난 가장 아름다운 성

당이다. 그런데 태양신을 모신 코리칸차(Qorikancha) 신전을 허물고 그 자리에 쿠스코 대성당을 세웠다. 성당 건축 시 신전의 기초를 다진 바닥 돌과 벽을 허물려 했으나 많은 노력과 시간이 필요해 신전의 기초 초석인 바닥과 벽을 그대로 두고 회벽으로 덧칠해 사용했다고 한다.

이들 유적지를 둘러보면서 조상들의 흔적을 찾으려는 잉카 후예들의 노력과 아픔, 그들의 혼을 엿볼 수 있었다.

대성당 뒤로 돌아가면 돌을 쌓아 만든 성벽이 있다. 그곳에는 페루가 자랑하는 잉카의 유산, 12각 돌이 있다. 주변 돌과 함께 바늘

도 들어갈 틈이 없는 섬세한 축조술을 보여준다.

모라이는 축구장 규모의 원형 경기장과 흡사했다. 수많은 계단식 밭을 구획별로 나누었고 인근에 별도 밭을 조성해 생육상태를 단계별로 관찰했다.

또한 층별로 다양한 품종의 씨앗을 뿌려 얻어진 영농 기법을 주민들에게 교육하고 이를 통해 주민 통솔과 생활 수준의 향상에 기여했다고 한다.

오얀따이탐보로 들어가면 산을 요새로 만든 급경사 지대에 계단식 밭이 있다. 가장자리에는 이를 오르는 계단이 있고 오르는 데는 3,500m 전후의 고산 지대 특성상 상당한 시간과 체력이 필요했다. 정상 부근에는 식량의 중요성을 느끼게 하는 곡식 저장 창고가 있고 주위로는 배수로와 벼랑길이 만들어져 있다. 정상에

7. 페루 리마에서 쿠스코/잉카제국 119

오르자 산 아래 주택과 텃밭들이 깨알같이 작아 보였다. 오얀따이땀보는 물과 곡식을 얼마나 소중히 다루었는지를 보여주고 있다.

　우르밤바(Urubamba)에 도착하자 가랑비가 내리고 신비한 기운이 감돌았다. 신전이 있었을 듯한 조그만 광장에는 돌을 이용한 신비로운 문양이 새겨져 있다. 운무가 가득한 계곡에는 신비하게 생긴 커다란 바위와 그 조각 파편들이 널려 있다. 계곡을 거닐고 있을 때는 멀리 팬 플롯(루마니아 전통 악기)의 가냘픈 선율이 울려 퍼지는 것 같다.

　염색 체험방에 들러 배틀에 앉아 천을 짜는 아낙을 보고 그들의 천연 염색 재료들을 보았다. 선인장의 연지벌레에서 선명한 붉은 색을, 타라와 옥수수에서 기타 염료를 얻고 있다고 한다. 삭타나무 뿌리에서 얻은 천연 세제는 세정기능이 뛰어나 이런 천연 염료와 세제를 통해 잉카의 화려한 원색의 아름다운 옷을 만들어 내고 있었다.

　그리고 계단식 염전인 살리네라스(Salineras)로 향했다.

　안데스산맥 단층대는 지진이 많았다. 지진은 정교한 건축술의 발전을 가져왔고, 고대에 바다였던 지역이 융기된 3,500m의 고산 고원 지대는 지층의 함몰로 기대하지 않은 귀한 소금을 선물로 받았다. 살리네라스 염전을 이르는 말이다.

마추픽추/ 태양의 도시, 잃어버린 도시

태양의 도시, 공중의 도시인 마추픽추에 대해 정확히 아는 사람은 없다.

어떠한 기록도 존재하지 않는 잃어버린 도시이기 때문이다. 우루밤바강 절벽 위에 1만여 명이 생활할 수 있게 설계된 도시였다.

마추픽추에 가기 위해 오얀따이탐보로 향했다. 우리를 태운 차는 높은 산과 계곡을 두 시간 가까이 오르내리며 오얀따이탐보에 도착했다. 그리고 광장에서 페루 고산 지역의 전통 가옥과 기념 동상, 오얀따이탐보 고대 유적지와 기념품을 파는 잉카의 후예들을 보았다.

아마존 정글 깊은 계곡의 잉카 고대 유적지에서 잠시 나만의 시간을 갖고 싶어졌다. 나는 광장 중심에 있는 2층 카페에 올라갔다. 그리고 돌출된 테라스에서 잉카의 숨결이 진하게 느껴지는 아마존 정글 교통 요충지의 일상들을 지켜보았다. 잠시 후 나온 진한 커피

7. 페루 리마에서 쿠스코/잉카제국

의 향이 아마존 정글로 퍼져나가자 그 맛이 유난히 좋았다.

광장을 빠져나와 잉카 레일 역으로 갔다. 기차는 정글과 협곡, 개울을 헤쳐 나갔다. 그렇게 아마존 깊은 계곡을 한 시간 정도 들어갔다. 그리고 아구아깔리엔테스역에 도착했다.

아구아깔리엔테스에서 가파른 산길을 오르기 위해 소형버스를 타고 벼랑의 좁은 도로를 따라 올라갔다. 간간이 새소리만이 들리는 산을 굽이굽이 돌고 돌아 오르기를 40여 분, 주차장이 보이고 많은 관광객이 모여있는 것이 보였다.

'마추픽추!'

내 마음속에 품고 있던 마추픽추!

잃어버린 도시, 꿈을 꾸던 도시를 향한 발걸음은 시작되었다.

잉카 유랑민들은 축대를 쌓아 계단식 밭을 만들고 옥수수를 심어 식량을 조달했다. 물을 효율적으로 활용하기 위해 수로를 만들고 태양신을 숭배하는 그들은 신전을 중심으로 광장을 조성했다.

궁전과 공공건물을 건축했으며, 주변의 거대한 자연석을 활용해 각종 시설물을 지었다. 해시계와 주거지를 만들면서 자급자족의 도시가 완성된 것이다.

잉카는 인근 지역의 거대한 자연석을 2,430m 산으로 옮겨와 필요한 건축물을 축조하는 불가사의한 힘과 기술을 실증해 보였다. 콘도르 신전(Temple of Condor)의 거대한 자연석은 어디서, 어떻게, 이런 모양의 거대한 바위를 구했는지 놀라움을 감출 수가 없었다.

제단과 신전을 만드는데 들어간 모든 거대한 바위들이 자연석을 활용했다는 것은 불가사의한 일이라는 말밖에 할 말이 없다.

마추픽추 앞에는 봉우리가 계란처럼 솟아있는 와이나픽추(Huayna Picchu)가 있다. 마추픽추와 어우러져 보이는 와이나픽추. 그 봉우리가 오늘따라 운무가 가득하고 슬퍼 보이는 것은 나만의 생각이었을까?

　아마존 정글 속 마추픽추를 최초로 발견한 서른다섯 살의 하이럼 빙엄(Hiram Bingham)의 기록에 의하면 "아득한 낭떠러지 저 아래에서는 우리가 밧줄을 잡고 건너온 우루밤바강의 성난 급류가 하얀 거품을 일으키고 있다. 우거진 수풀 속에는 맹독을 지닌 독사가 많다고 인디언 안내인이 말한다"라고 적혀있다. 1911년 7월 24일 마추픽추를 발견하며 기록한 글처럼 이곳은 정글 속에 감추어진 고대 도시였다.

　안데스산맥 밀림 속 해발 2,430m 바위산 꼭대기에 있는 공중 도시는 산 아래에서는 밀림 속 산봉우리밖에 볼 수 없었다. 따라서 사람들은 이곳을 망코 잉카가 스페인 군대를 상대로 최후의 항전을 한 곳, 빌카밤바(Vilcabamba) 요새로 생각했다.

　결국 스페인 군대에 의해 멸망한 잉카는 깊은 정글 속으로 사라졌다. 그 후 400년이 지난 지금 두꺼운 이끼가 덮여 있는 바위들의 잔해들이 나타난 것이다.

유적지를 발굴하던 중 묘지에서는 100명이 넘는 여성 미라가 발견되었는데 이로 인해 여사제 중심의 신전 가능성과 천체 관측을 위한 제단 등 마추픽추에 대한 의문점은 꼬리에 꼬리를 물고 나타나고 있다.

태양신을 섬긴 그들은 모든 것은 황제, 즉 잉카를 중심으로 한 절대 왕권 주의였지만 폐망으로 인해 명분은 무너지고 몰락은 가속화될 수밖에 없었을 것이다. 잉카가 존재하지 않는 대제국은 정신적 지주의 몰락으로 구심점을 잃고 아마존 정글 깊숙이 들어감으로써 역사의 뒤안길로 사라졌다.

역사적으로 많은 의미를 담은 유적지들을 보면 영원한 것은 없다. 대제국을 이루었던 잉카 문명이 지금은 유적지로만 남아있다. 길을 걸으며, 인생의 의미를 느끼는 것이 새로운 길을 선택하는 또 하나의 이유가 되기도 한다. 그런 마음에서 다음 여행지가 더 기대되기도 한다.

볼리비아와 우유니 소금 사막

TRAVEL 8

아침 일찍 쿠스코를 출발한 비행기는 2시간 만에 볼리비아 라파즈 공항에 도착했다. 세계에서 가장 높은 고도(약 4,100m)에 위치한 공항이다.

라파즈는 볼리비아의 행정 수도로 안데스산맥 고원지대 3,600m에 위치한 인디오의 도시다.

볼리비아는 칠레와의 전쟁으로 태평양 연안 지역을 통째로 빼앗기는 바람에 내륙 국가로 전락하고 브라질, 파라과이와의 전투에서도 접경 지역 영토를 침탈당했다.

고원지대 약소국의 전형적인 모습으로 안타깝다.

산악 지형에 형성된 시가지는 저지대 도로변을 중심으로 빌딩들이 있고 구릉지에 관공서와 고급 주택가가 있다. 고원인 해발 4,000m에 올라서면 평탄한 서민 주택 단지를 형성한 벽돌집들이 모여있다.

호텔에는 관광객의 고산 증후군을 돕기 위해 로비에 산소통을 비치하고 여행자의 컨디션 조절을 돕고 있다. 관광객을 대상으로 한 차량에도 산소통을 비치함은 물론이다.

라파즈 호텔에 짐을 풀고 시내 투어에 나섰다.

호텔 앞의 이면 도로를 따라 시내 중심가 쪽으로 올라갔다. 소공원을 지나 성 프란시스코 성당(Iglesia de San Francisco) 앞 광장에는 고철과 폐기물을 활용해 만든 예수 탄생 조형물이 있어 관광객들의 눈길을 끈다.

오벨리스크(Obelisco)를 지나 언덕에 있는 무리요 광장(Plaza Mulillo)을 오르는데 숨이 차고 호흡이 곤란한 고산 증세로 힘들었다. 무리요 광장에는 대통령궁과 대성당 등이 있다. 마침 휴일을 맞은 시민들이 공원 광장에 모여 휴식을 즐기고 있었다. 상가 지역으로 이어지는 도로는 점포들과 노점들이 혼재되어 토산품과 생활용품을 팔고 있었다.

어느덧 어둠이 깔리고 가랑비가 내리기 시작했다. 비에 옷깃을 적시며 간간이 지나치는 인디오의 얼굴에서 이국적 정취를 느꼈다. 환전을 하지 못했기에 달러를 사용할 수 있는 레스토랑을 찾아 간단한 식사를 마치고 호텔로 돌아왔다.

다음 날 달의 계곡(Valley of the Moon)을 찾았다. 석회 암반이 녹고 침식되어 황량하고 거친 달 표면과 같다고 해서 붙여진 이름이다. 사암으로 푸석한 길을 오르내리며 산책했다. 간간이 피어 있는 선인장 꽃에 들새들이 날아드는 모습을 보며 자연의 신비한 멋을 느

졌다. 모든 것이 멈춰 버린 듯한 공간 속에서 작게나마 동적인 움직임이 있다는 것은 살아있다는 증거이자 행복함이다.

낄리낄리 전망대(Mirador Killi Killi)에서 케이블카를 타고 정상 정거장에 도착하자 라파즈 시내가 한눈에 들어왔다. 고산 지역에 형성된 라파즈는 긴 계곡을 따라 도로가 있고 이를 중심으로 시가지가 형성됐다. 고원에 있는 주거지는 좁은 골목과 지루하게 이어지는 계단으로 연결되어 있다. 때문에 케이블카는 주민들의 이동에 중요한 교통수단이다. 관광객들도 이를 이용해 정상에 올라 시가지를 조망할 수 있는 만족감을 느낀다.

마녀 시장(Witch Market)에서는 각종 주술 관련 상품을 대량으로 판매한다. 이색적인 물건들이 가득한 풍경은 호기심과 섬뜩함이 교차했다. 국민 대부분이 가톨릭 신자이나 토속 신앙은 민족의 정통성을 외면하지 못하고 내재되어 있는 듯했다. 박제된 새끼 라마를 비롯한 곡식과 토기로 만든 민예품, 곤충과 인형, 장작더미가 쌓여 있다.

특히 박제된 라마 새끼는 건물을 지을 때 묻으면 행운과 재물운을 준다고 한다. 이러한 주술 도구를 구입해 무속인과 함께 불에 태우며 축복을 기원하거나 장래의 길흉을 예측하는 점성술도 성행하고 있다.

8. 볼리비아와 우유니 소금 사막 131

우유니 소금 사막

라파즈에서 우유니(Uyuni)까지는 항공편을 이용했다.

한 시간 정도의 비행은 넓은 우유니를 하늘에서 한눈에 볼 수 있었다. 하늘에서 내려다본 우유니는 흰 눈이 쌓인 대평원이었다. 해발 3,500m~4,000m에 이르는 강원도 크기의 소금 사막은 대륙판의 충돌로 바다였던 땅이 융기되고 안데스산맥에 갇히며 커다란 호수가 탄생했다. 강수량이 적은 이곳은 수많은 세월 동안 물이 증발하고, 사막화가 이루어져 오늘날과 같은 거대한 소금 사막이 형성되었다고 한다.

소금 사막은 볼리비아에 자연이 준 귀한 선물이 되었다. 많은 세월이 흐르는 동안 간수가 빠진, 미네랄이 풍부한 소금은 세계인의 사랑을 받게 되고, 볼리비아의 중요 수출품이 되었다. 최근에는 전기차의 보급으로 소금 호수에서 대량의 리튬이 발견되어 희토류의 중요 공급원으로 급부상하고 있다.

공항으로 나온 가이드의 안내를 받으며 SUV를 타고 대평원을 달렸다. 소금 결정체가 뭉개지는 '아싹아싹' 소리를 들으며 아지랑이가 피어오르고 신기루가 만들어지는 지평선을 달렸다. 사막의 소금 가루들이 군무를 추듯 흩어져 날아다녔다. 소금 사막은 끝이 어디인지 알 수가 없었다. 그렇게 방향감각을 상실한 듯 질주했다.

소금 호텔(El hotel de sal)에 도착하고서야 질주는 멈추었다. 소금 호텔은 기둥과 벽을 비롯한 실내 대부분의 자재뿐 아니라 침대, 탁자, 의자 등을 소금 사막에서 채취한 암염으로 재단하고 커팅해서 만들었다. 불빛이 반사된 소금 결정체는 신비한 빛을 내고 있다. 맑고 깨끗한 소금 결정체로 이루어진 동굴이라는 표현이 나을 듯싶다.

 안데스산맥의 고산병 증세도 소금 사막에서는 느낄 수 없었다. 소금에서 나오는 풍부한 미네랄과 음이온이 마음을 편하게 해주고 호흡기나 피부질환에도 탁월한 효능이 있다고 한다.

 가이드는 밖으로 나와 소금 사막 대평원에 간이 테이블을 펼치고 야외 뷔페식 식단을 차렸다. 소금 사막에서 점심으로 스테이크와 와인을 곁들인 식사를 했다. 이색적인 분위기와 맛은 소금 사막이 주는 아름다움에 흠뻑 취하는 시간이었다.
 밤이 되자 밤하늘의 별을 보기 위해 사막 한가운데로 갔다. 빛줄기 하나 없는 암흑 속으로 들어갔다. 암흑 속에서는 자아의 존재마저 박탈된 느낌이었다.
 기사는 달리는 차의 헤드라이트마저 껐다. 그리고 한참을 달렸다. 도로가 없고 사람도, 장애물도 없는 사막에서만 가능한 연출이었다. 한참 후 차가 멈추었다. 그곳에서 우리는 하늘의 별들을 찾았다. 그런데 어느 순간 나타난 커다란 보름달은 모든 별들을 삼켜버렸다. 간간이 빛나는 몇몇의 별들이 있을 뿐이었다. 유난히 밝은 보름달로 인해 쏟아지는 수많은 별들을 볼 수 없어 아쉬움이 남았다.

다음 날 아침, 소금 사막 한가운데 있는 이슬라 잉카와시(Isla Incahuasi), 일명 물고기 섬을 찾았다. 이슬라 잉카와시 섬은 크고 작은 선인장들이 군락을 이루며 자라고 있었다. 선인장 꽃들이 곳곳에 만개하여 많은 벌새들을 불러들였다. 과연 이곳이 소금 사막인지 의심이 들었다. 물고기 섬은 그리 높지 않았으나 사막의 고도가 해발 4,000m에 이르다 보니 200m를 오르는 것도 힘이 들었다.

물고기 섬 정상에 오르자 끝없는 광활한 지평선에 펼쳐진 소금 사막과 선인장 군락의 조화는 새롭고 흥미로운 아름다움을 주었다.

물고기섬을 내려오자 가이드는 차를 몰아 물이 고인 곳을 찾아다녔다. 지평선에 신기루가 나타났다 사라지기를 반복했다. 이윽고 하늘과 구름과 산이 두 갈래로 나뉘어 보이는 곳이 보였다. 데칼코마니를 만들어 낸 지평선 위의 물은 거대한 거울이 되었다.

 차는 멈추고 사람들의 움직임이 바빠졌다. 이곳저곳에 자리를 잡고 사진을 찍으며 색다른 분위기에 흠뻑 젖어 들었다. 소금 사막의 황홀하고 아름다운 풍경은 갖가지 이색적인 모습이 연출되는 대자연의 스튜디오로 바뀌었다.

 기사는 이런 분위기에 어울리는 최고의 만찬을 준비하겠다고

한다.

훌륭한 저녁 식사를 기대해도 좋다고 했다. 야외 뷔페가 차려지고 스테이크와 와인을 곁들인 식사가 끝나갈 즈음 노을은 소금 사막 지평선에 물들기 시작했다. 붉은 노을과 소금 사막에서 빛이 반사되는 환상적인 풍경이 주변을 압도했다. 형형색색으로 물들어가는 솜털 같은 구름 사이로 사라져가는 붉은 태양은 신비로울 뿐이었다. 붉은 노을의 잔상들이 남긴 흔적은 지평선 위에 떠도는 요정들이었다.

"기대해도 좋다"라는 말처럼 분위기는 너무 좋았고 나도 모르게 흥에 취했다.

다음 날 해발 4,000m의 알티플라노(Altiplano) 고원 지대를 랜드크루저로 질주했다. 붉은 모래사막에 흙먼지를 일으키는 모습에서 묘한 쾌감이 일었다.

만년설이 보이고 호수와 오색 무늬 산, 무지개 산도 보였다. 황무지를 이루는 사막화된 지역의 사암들이 풍화작용으로 기암괴석들로 탄생했다. 돌의 계곡이라 불리는 곳에서 버섯, 아나콘다, 콘도르, 거북, 독수리 등 이름에 걸맞는 형상들이 생명체가 없는 황무지의 독특한 볼거리를 제공해 주었다.

라마디타스 호수와 꼴로라다(Cololada) 호수에 이르자 수많은 플라밍고 떼가 아름답고 우아한 모습으로 한가로이 놀고 있었다. 이곳 호수는 비가 적고 건조해 대부분 염호이다. 염호에는 미네랄과 플랑크톤이 풍부해 붉은 플라밍고 떼들이 집단 서식하고 있다.

호수와 산악 지역을 벗어나자 색다른 풍경이 다가왔다.

안데스산맥 고원에서 비교적 저지대인 계곡에는 자연 습지가 생성되었다. 그리고 초지가 조성되고 오아시스가 생겨났다. 초지에는

리마 무리가 자유롭게 거니는 모습이 보였다. 모처럼 보는 초원과 리마 무리가 너무도 반가웠다. 그리고 인근 인디오 마을에서 그들의 소박한 환영을 받으며 하룻밤을 보냈다.

다음 날, 아침 일찍 간헐천이 있는 솔데 마냐나(Sol de Manana) 온천 지대에 도착했다. 황무지가 넓게 펼쳐진 사막에서 유황과 수증기가 분출되는 모습은 색다른 풍경이었다. 사막 속에서 진흙이 끓고 분출수가 솟아나는 살아있는 대지의 단면을 보여준다. 솔데 마냐나 노천 온천은 황무지 속의 진주였다. 허허벌판 인적 없는 사막의 온천은 나그네에게 생명수와 같다. 온천에서 피로를 풀며 잠시 행복한 휴식 시간을 가졌다.

그리고 솔데 온천을 나와 칠레 국경으로 향했다.

출입국 관리소에 도착하고 간단한 입국 심사를 거친 후 칠레의 여정이 시작되었다. 리칸 부르그 화산을 보면서 해발 4,000m인 안데스 고원에서 내려가기 시작했다. 귀가 먹먹해지고 한여름의 열기가 느껴질 즈음 해발 2,000m인 칠레 국경 마을 산 페드로 데 아타카마(San Pedro de atacama)에 도착했다.

TRAVEL 9 칠레 그리고 아르헨티나/파타고니아

늦은 오후가 돼서야 칠레 국경 마을 산페드로데아타카마 (San Pedro de Atacama)에 도착했다.

볼리비아 온천지대를 지나 국경을 통과한 후 안데스 고원을 내려와 칠레의 한적한 국경 마을에서는 한여름의 열기가 느껴졌다. 고원지대의 선선한 날씨와 비교했을 때 해발 2,000m인 이곳 날씨는 사뭇 달랐다.

선풍기를 틀고 옷부터 갈아입었다. 그리고 창문을 열자 뜨거운 지열과 함께 정원의 갖가지 꽃들이 눈에 들어왔다. 지금까지와는

 전혀 다른 분위기의 산촌마을을 산책하며 칠레의 대지가 뿜어내는 향기를 느껴보았다. 해가 석양으로 기울고 불타는 노을이 또 다른 정취를 느끼게 했다.

 다음 날 아침 일찍 칠레의 수도 산티아고(Santiago)로 출발했다. 산티아고에 도착한 후 시가지 중심에 있는 산타루시아((Santa Lucia) 언덕에 올랐다. 가파른 계단을 오르자 산티아고 시내가 한눈에 들어왔다. 깨끗하고 맑은 하늘, 크고 작은 빌딩들이 있는 아담한 도시다. 고

성으로 둘러싸인 산타루시아 언덕을 내려와 아르마스 광장(Plaza de Armas)으로 갔다.

아르마스 광장에는 산티아고 시민들이 편안한 휴식을 취하고 있다. 광장 주변에는 모네다 궁전(La Moneda), 즉 현 대통령 궁과 대성당(Santiago Metropolitan Cathedral), 박물관(Museum of Santiago) 등이 있다. 대성당 앞에는 교황의 방문을 환영하는 현수막이 걸려있고 광장의

공원은 정감있는 아늑한 분위기를 만들어 가족 단위의 시민들이 여유로운 시간을 즐기고 있었다.

아르마스 쇼핑센터를 지나 아우마다 거리(Paseo Ahumada)에 이르자 거리 공연이 펼쳐졌고 많은 시민들이 함께 하고 있었다. 전통 시장 노점에는 각종 토산품과 민예품이 쌓여 있고 많은 인파들이 지나고 있었다. 소박하고 낙천적인 국민들이었다.

밤이 되자 강력사건이 많은 곳이니 이동을 자제하라고 했다. 하지만 40여 분 거리에 있는 숙이네 집이라는 한국 식당을 찾아갔다. 지도를 보며 찾아간 숙이네 집에는 몇몇 한국인들이 자리를 잡고 있었다. 된장찌개 냄새가 구수했다. 나는 된장찌개와 제육볶음을 시켰다. 오랜만에 먹어보는 토속적인 맛은 너무 좋았다.

식사를 마치고 나니 늦은 시간이었다.

가이드가 우범지역에 대한 주의를 당부한 터라 긴장되었다. 재래시장 앞 광장에 이르렀을 때 늦은 시간인데도 길거리 공연이 펼쳐지고 있었다. 군중들 틈에서 그들의 경쾌한 노래와 춤을 보며 칠레 국민들의 정서에 빠져들었다. 그때 사복 경찰이 다가와 신분을 밝히며 주의를 당부했다.

다음 날 태평양 연안 항구도시 발파라이소(Valparaiso)를 찾았다. 발파라이소에는 파블로 네루다(Pablo Neruda)의 생가, 즉 세바스티아나(Casa Museo La Sebastiana)가 있다. 파블로 네루다는 1971년 노벨평화

상을 수상했으며 사랑의 시인, 자연을 노래하는 시인 그리고 현실 참여 작가로도 이름이 높다. 당시 정치적, 경제적으로 불안한 칠레 국민의 정신적 지주 역할을 한 인물이다. 때문에 그의 갑작스러운 죽음은 충격적이었다.

민중의 지도자는 외롭고 쓸쓸하고 힘들다는 것을 느끼게 한다.

태평양이 보이는 언덕에 지어진 세바스티아나는 조그만 정원을 갖고 있다. 한적한 주변 골목은 파블로 네루다의 뜻을 기리려는 지식인들에 의해 벽화마을로 조성되었다. 2003년 세계문화유산으로 지정된 이곳에는 세계의 유명 화가들이 1980년부터 모여들었고, 골목은 아름다운 벽화들로 장식되었다. 그림 하나하나가 정겹고 많은 이야기를 하고 있었다.

발파라이소 해변으로 내려와 레스토랑에서 파도치는 해변을 바라보며 점심을 먹었다. 그리고 해변의 고운 모래에서 수영하고 일광욕을 즐기는 그들과 함께 칠레의 훈훈함 속으로 들어갔다.

파타고니아를 찾아서

　오전 9시 산티아고 공항을 출발한 비행기는 오후 1시 15분 푼타아레나스(Punta Arenas) 공항에 도착했다.

　비행 중 10,000m 상공에서 안데스산맥의 만년설을 볼 수 있었다. 2015년에 화산이 폭발한 칼부코산(Calbuco Mt.)의 아름다운 모습도 보였다. 푸에르토바라스(Puerto Varas) 호수 옆, 원뿔 봉우리는 쉽게 눈에 띄었다.

　푼타아레나스 공항을 나와 호수를 끼고 있는 마젤란 공원 캠핑장에서 점심 식사를 했다. 그리고 파타고니아가 시작되는 도시 푸에르토 나탈레스(Puerto Natales)로 이동했다. 이곳은 칠레가 자랑하는 세계적으로 아름다운 국립공원 토레스 델 파이네(Torres del Paine National Park)가 있다.

　토레스 델 파이네 국립공원은 세계 10대 절경으로 만년설, 빙하,

호수, 폭포, 뾰족한 바위산으로 이루어진 유네스코 희귀 동·식물 보존지역이다. 그리고 세계 최고의 비경 트레킹 코스로 트렉커들의 사랑을 받고 있다.

호텔에 여장을 풀고 인근의 호숫가로 나갔다.

그곳에는 휘어진 장대에 매달린 사람을 형상화한 조각품이 있다. 파타고니아의 매서운 바람에 위태롭게 장대를 붙잡고 있는 사람의 모습은 이곳의 혹독한 환경을 묘사한 것이다.

저녁에는 나탈레스의 유명한 수제 맥줏집, 엘 보트를 찾았다.

흑맥주의 톡 쏘는 듯한 맛과 향이 독특했다. 매장 안은 다양한 국적의 사람들로 가득 찼다. 창가 자리의 나이 지긋한 백발 어르신께서 바이올린을 꺼내 들고 연주를 시작하자 홀 안의 분위기는 업되고 모두가 한 가족인 양 즐거운 시간을 가졌다. 밖은 백야(백야의 영향권)로 밤 11시인데도 어둡지 않았다.

다음 날 아침 토레스 델 파이네 국립공원으로 출발했다.

쿠에르노스(Cuernos) 전망대에 도착하자 호수를 끼고 있는 설산을 배경으로 여행자들이 사진을 찍고 있었다. 이곳은 아름다운 파타고니아의 절경을 한눈에 보여주었다. 그리고 안데스산맥 만년설 빙하에서 흘러내리며 급류가 폭포를 이루는 살토그란데 폭포(Salto Grande Waterfall)의 웅장함은 주변의 야생화 군락들과 어우러져 환상적인 아름다운 유혹에 빠져들게 했다.

국도 주변으로 빙하수를 담고있는 에메랄드빛 페호에 호수(Pehoe Lake)는 신선한 아름다움을 간직한 최상의 드라이브 코스를 제공해주었다.

토레스 델 파이네 국립공원의 뾰족하게 조각된 삼봉을 보기 위해 그레이 호수(Lago Grey)로 가는 구름다리 앞에 이르렀다. 협곡에는 로

프로 연결된 다리가 있다. 거센 물살과 강풍 탓에 여행객의 안전을 위해 국립공원 관계자들이 나와 한 번에 6명씩만 건너도록 인원을 통제했다. 울창한 숲길을 지나자 넓은 개활지에 강변 모래들이 보이고 삼봉, 즉 세 개의 봉우리가 만년설 빙하 위에 우뚝 솟아있다.

 토레스 델 파이네는 조각가가 조각한 양 섬세하고 웅장한 모습에 저절로 탄성이 나왔다.

 그리고 토레스 델 파이네 앞으로 흐르는 '더 밀고 온' 강물에는 빙하의 유빙이 떠내려와 운치를 더해주었다.

아르헨티나/ 엘 칼라파테 모레노 빙하

 아침 일찍 푸에르토 나탈레스를 출발했다.
 끝없이 펼쳐지는 팜파스(마른 땅 위의 대초원, Pampas)와 멀리 보이는 안데스산맥의 아름다운 만년설 봉우리를 보면서 5시간의 긴 여정

끝에 국경을 넘어 아르헨티나 엘 칼라파테(El Calafate)에 도착했다.

 엘 칼라파테에 도착한 우리는 호텔에서 휴식도 없이 아르헨티노 호수(Lago Argentino)를 찾아 나섰다. 지도와 도로에 표기된 이정표를 보면서 방황하기를 10여 분, 다행히 현지 중년 부인의 도움으로 아르헨티노 호수 앞에 이르렀다.

 아르헨티노 호수는 잔잔하게 파도를 일으키며 에메랄드빛의 청아한 모습으로 다가왔다. 호수 가장자리 뻘은 물로의 접근을 어렵게 했다. 돌과 조그만 바위에 지탱하며 차가운 물에 손을 넣어 보았다. 시원한 청량감이 너무 좋았다.

 다음 날 일찍 모레노 빙하(Moreno Glacier) 국립공원으로 출발했다. 도로변 잡목과 초지가 무성한 언덕에서 과나코 몇 마리가 시선을 끌었다.

9. 칠레 그리고 아르헨티나/파타고니아

'퓨마가 천적이라고 하는데 퓨마를 볼 수는 없겠지?'라는 부질없는 생각을 해본다.

남극의 차가운 바람과 심한 일교차 때문에 호수 주변에는 고사목이 많다. 도로변 곳곳의 야생화와 에메랄드빛 호수의 물줄기를 눈과 가슴속에 담으며 모레노 빙하에 도착했다.

모레노 빙하는 길이 35km, 넓이 6km, 높이 65m에 이르고 세계 최대 규모를 자랑하며 조금씩 움직인다고 한다.

모레노 빙하 주변 데크를 따라 걷다 보니 곳곳에 전망대가 있다. 전망대에서 빙하의 이모저모를 보고 빙벽에서 떨어진 유빙과 흩어진 조각들이 떠다니는 모습을 보았다. 빙벽 위로 길게 뻗은 빙원은 끝을 보여주지 않았다. 거대하고 웅장한 모레노 빙하는 영롱한 청색 빛을

발하며 매혹적인 아름다움을 발산했다.

선착장으로 내려가 크루즈선을 탔다.
크루즈선은 거친 바람을 맞으며 빙벽 근처로 다가갔다. 모레노 빙하의 거대하고 웅장한 빙벽에서 떨어져 나간 유빙들이 떠다니고 크루즈선은 그 주위를 맴돌았다. 높이가 60m나 되는 빙벽 앞으로 다가서는 크루즈는 왜소해 보였다. 아찔한 빙벽은 금방이라도 부서져 떨어질 것 같아 마음을 조마조마하게 했다. 거칠고 매서운 바람과는 달리, 가슴은 뜨겁기만 했다. 크루즈선은 빙벽 주위를 몇 차례 선회하고 선착장으로 돌아왔다.

모레노 빙하 국립공원에서 돌아온 후 숙소를 아르헨티노 호수가 보이는 언덕 위 산장 호텔로 옮겼다. 호텔에서 잠시 여장을 푼 다음 셔틀버스를 타고 시내로 나왔다. 버스 정류장 근처에서 자연사 박물관을 둘러보았다.

그리고 공원 언덕으로 올라갔다. 들꽃들이 곳곳에 피어있고 특이한 디자인의 건물들이 이국적인 아름다움과 향수를 불렀다. 풀밭에 앉아 들꽃을 바라보았다.

들꽃이 다정히 묻는다.

"이 먼 곳까지 왜 왔어?"

「응. 세렝게티 표범이 가보래.」

"아. 그래서 나를 만나게 되었구나."

「응. 이게 인연인가 봐.」

들꽃과의 대화는 이어졌고 시간 가는 줄 몰랐다.

공원을 내려와 인근 '라 조라' 카페로 찾아갔다. 사실은 라 조라가 애초 목적지였지만 근처 공원에 올라 산책하는 시간이 길어졌다. 카페는 젊은 여행객들로 활기가 넘치고 파타고니아의 향기가 물씬 풍겼다.

　카페에서 호텔까지는 1시간 거리다. 셔틀버스를 기다리느니 걷기로 했다. 아르헨티노 호수를 바라보며 걷는 길은 운치가 있었다. 그런데 구릉지에서 5~6마리의 들개를 만났다. 위협적인 들개를 따돌리는 데는 긴장의 연속이었고 너무 무서웠다.

　호텔에 도착한 것은 오후 9시가 넘어서였다. 마침, 붉은 노을은 하늘과 호수, 대평원을 붉게 물들이고 있었다.

　높은 구릉에 위치한 호텔에서는 아르헨티노 호수와 대평원이 붉게 물들어가는 환상적인 모습을 감상할 수 있었다. 생각지 못한 선셋의 아름다움은 가슴속에 행복감이 넘치게 했다.

　이렇듯 별장호텔에서의 하룻밤은 아르헨티노 호수에서 들려오는 별들의 속삭임을 들으며 잊지 못할 추억을 간직하게 했다.

　'눈부시게 아름다웠던 그날의 모습

　가슴속에 꼭꼭 숨겨두고

　사뭇 그리워질 때 끄집어 내볼게.'

9. 칠레 그리고 아르헨티나/파타고니아

세계의 끝, 우수아이아

 오전 8시 30분 엘 칼라파테를 이륙한 비행기는 2시간 후 우수아이아(Ushuaia)에 도착했다.
 우수아이아는 비글해협(Canal Beagle)을 사이에 두고 칠레와 아르헨티나가 국경을 접하고 있다. 안데스산맥 설원에서 발원한 오염되지 않은 청정수는 비글해협을 통해 남극으로 흘러간다. 대륙의 땅끝과 남극을 사이에 둔 우수아이아는 남극으로 가는 거점 도시이기도 하다.
 시내 투어를 위해 셔틀버스를 타고 티에라 델 푸에고 국립공원(Parque Nacional Tierra del Fuego)으로 갔다. 자연 상태의 서식환경을 지켜가는 파타고니아의 생태계가 잘 보존되고 있는 곳이다. 원시림 그대로 보존된 트레킹 코스는 어디서 어느 곳을 보아도 아름다운 풍경이 펼쳐져 있다.
 아시가미 호수(Lago Acigami) 주변, 긴 데크 길을 가다 보면 습지에

서 무언가가 움직이는 느낌을 받는다. 우림 지역인 티에라 델 푸에고 국립공원은 각종 동식물과 무성한 원시림이 자연적인 원초적 생태계를 유지하고 있다.

티에라 델 푸에고 국립공원 아시가미 호수에는 땅끝 우체국이 자리하고 있다. 호수 위에 가건물로 조성된 우체국 뒤에는 조그만 등대가 있어 땅끝 등대의 이미지를 주며 운치를 더해 준다. 호수 건너 멀리 아름다운 설산을 배경으로 한, 땅끝 우체국은 여행자들이 귀국 후에 자신들이 언젠가 받아볼 엽서를 보내는 곳으로도 유명하다.

땅끝의 백야는 여유로운 오후 시간을 보낼 수 있게 해주었다.
해는 밤 10시 30분이 되어야 지고 아침 5시 30분이면 떠올랐다. 기념품 가게들을 둘러보고 산책하며 깨끗하고 아름다운 우수아이아의 야경을 감상하고 쇼핑도 즐겼다. 상가 간판에는 어느 곳 할

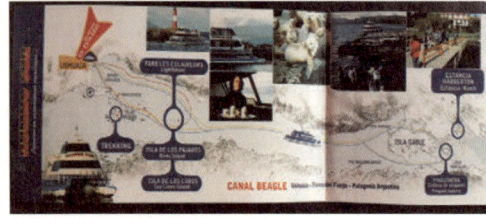

것 없이 '세계의 끝' 또는 '땅끝 우수아이아'라는 수식어가 달려 있다. 나는 그제서야 아메리카 대륙의 최남단 끝에 있다는 게 실감이 났다.

다음 날 아침 우수아이아 선착장으로 나갔다. 상가 지역을 벗어나 해안선을 따라 걸으니 선착장에는 어선, 요트, 대형 크루즈와 유람선들이 보였다.

'세계의 끝', '땅끝 빨간 등대'로 향하는 유람선을 타기 위해 티켓팅을 했다.

잠시 후 유람선은 선착장을 빠져나갔다. 남극에서 불어오는 거센 바람과 높은 파도, 혹독한 추위를 피해 갑판에서 객실로 내려갔다. 수십만 마리의 물새들이 둥지를 튼 물새 섬들을 지나며 유람선은 비글해를 항해했다.

승객들이 하나, 둘 2층 갑판 위로 올라갔다. 거센 바람과 추위가 오히려 상쾌하게 느껴졌다. 배는 바다사자 섬에 이르러 요란스럽게 떠들어대는 무리 곁으로 다가갔다. 그리고 섬을 한 번 돌며 알아듣지 못하는 바다사자들의 수다와 놀이를 지켜보았다. 배는 그들 곁을 떠나고 바다는 금세 침묵 속에 잠겨 버렸다.

파도는 점점 거칠어지고 배가 심하게 흔들렸다. 저 멀리 조그만 바위 섬 위에 빨간 등대가 보였다. 지구 최남단, 남극 최근접 마지막 등대였다. 남극에서 불어오는 거센 바람은 돌풍이 되어 갑판 위의 모든 것을 휩쓸고 갈 듯한 기세다. 모자와 머플러가 바람에 날리고 배는 요동치니, 정신을 차리기가 힘들었다.

파타고니아의 땅끝 등대는 남미 여행자의 최종 목적지다. 그 빨간 등대 앞에 이르자 가슴이 벅차 올랐다.

유람선은 더 보고 싶은 마음을 달래려는 듯 뱃고동을 길게 울렸다.

땅끝 빨간 등대를 갑판에서 바라보는 아름답고 환상적인 시간은 지나고 지구 최남단 땅끝 등대의 비경을 보고 돌아오는 바닷길은 한결 여유로웠다.

다음 날 아침 일찍 100년 된 카페를 보기 위해 호텔 언덕을 내려왔다. 운무가 가득한 우수아이아의 건물과 산봉우리는 목가적인 풍경을 만들었다. 파타고니아의 땅끝, 인적마저 드문 거리는 아침 활동할 시간인데도 침묵 속에 잠겨 있다.

100년 카페 라모스 헤네랄레스(Ramos Generales)에 들어서자 내부에는 오래된 생활용품과 농기구, 도서, 포스터 등이 진열되어 있다. 남극 탐험의 장비들도 볼 수 있었다. 100년 전의 일상을 한눈에 보여준다.

따끈한 커피 한 잔을 마시며 옆자리에 "남극 여행을 왔다"라는 일행들과 이야기를 나누었다. 거센 바람 때문에 현재는 남극 접근이 어렵다고 한다. 따라서 남극 여행은 취소되고 우수아이아를 여행 중이라고 한다. 그들과 이야기를 나누며 극지를 여행하고 싶다는 마음이 간절해졌다.

자리를 털고 일어나 파타고니아, 땅끝 우수아이아의 표석을 찾아가고 싶어졌다.

비는 내리고 출국 시간은 얼마 남지 않았지만, 도로에서 보았던 표석이 눈앞에 아른거린다. 다른 생각 없이 비 오는 거리로 나갔다.

얼마나 갔을까?

시계를 보고는 갑자기 당황스러웠다. 돌아가야 할 한계점에 이른 것이다. 그러나 되돌아가기에는 너무 아쉬운 일정이라 보이지 않는 목표점을 향해 뛰기 시작했다.

'여기는 파타고니아의 땅끝이다. 세계의 끝까지 왔는데…'라는 생각과 '늦으면 어쩌나…'라는 생각이 교차했다.

그렇게 얼마를 달렸을까. 멀리 로터리에 입석 바위가 보이고 우수아이아의 글씨가 보였다. 그렇게 흥분된 때도 드물 것이다.

비 내리는 우수아이아 표석 앞에 이르러 셔터를 몇 번인가 눌렀다.

성취한 만족감을 느끼며 호텔을 향해 다시 뛰기 시작했다. 정신없이 달렸다. 그리고 공항 출발 시간에 맞춰 도착할 수 있었다.

호텔에 도착한 때는 일행들이 짐을 챙기고 로비에서 기다리고 있었다.

파타고니아와 뉴질랜드

우수아이아를 떠나며 100년 카페 라모스 헤네랄레스에서 만난 친구들이 떠올랐다. 그들은 남극 여행을 왔는데 날씨 때문에 가지 못했다고 했다. 남극 세종 과학기지가 지근 거리에 있음에도 아쉬움이 많을 것이다.

장보고 기지는 뉴질랜드 크라이스트 처치에서 기본 물자 보급 및 장비를 점검하는 거점 도시로 이용되고 있다.

또한 **뉴질랜드**는 파타고니아와 흡사한 자연환경을 갖고 있다. 마운틴 쿡(3,754m)의 만년 설산, 후크빙하와 뮬러빙하로 이어지는 케어 포인트 트레킹 코스는 야생화가 지천에 피어있는 천혜의 자연을 자랑한다.

크라이스트 처치에서 남으로 내려가면 퀸즈타운이 나온다. 와카티푸 호수로 둘러싸인 **퀸즈타운**은 세계에서 가장

아름다운 여왕의 도시(Queenstown)다.

퀸즈타운에서 서든 알프스 산맥 만년 설산을 넘으면 피오르드 해안으로 유명한 **밀퍼드 사운드**(Milford Sound)에 이르게 된다. 만년 설산 빙하에서 녹아 흐르는 폭포들이 곳곳에 비단 실타래를 풀어 놓은 것처럼 떨어지는 밀퍼드 사운드는 환상적이다. 이곳 피오르드 해안을 끼고 남극의 차가운 바람을 헤쳐가며 도는 트레킹 코스는 세계 제일의 비경을 자랑한다.

파타고니아를 떠나면서 최남단 피오르드 해안을 품은 섬나라, 아름다운 뉴질랜드를 떠올려 보았다.

아르헨티나 부에노스아이레스

우수아이아 공항을 오후 2시 55분 이륙한 비행기는 오후 6시 15분 부에노스아이레스(Buenos Aires) 공항에 도착했다.

아르헨티나는 목축업이 발달한 자유, 열정, 낭만으로 가득 찬 탱고의 발생지다. 말을 타고 팜파스(Pampas)를 달리는 자유분방한 가우초(Gaucho)가 연상되는 곳이기도 하다. 아르헨티나의 수도인 부에노스아이레스는 인구 약 300만 명 정도의 항구도시이다.

부에노스아이레스 공항을 나서는 순간, 빌딩들과 화려한 조명,

수많은 차량 등이 거리를 메운 모습은 청량감이 넘치는 파타고니아와는 전혀 다른 풍경을 보여준다.

　인근 먹자 빌딩에는 특색 있는 음식들이 즐비했고 손님들로 가득 찼다. 많은 사람이 운집한 공간에 들어서니 답답해졌다. 저녁식사는 초밥으로 간단히 마치고 인근 시내를 돌며 야경을 보았다. 화려한 외관에 어울리지 않게 노숙자들이 유난히 많았다.

　다음 날 아침 레콜레타 묘지(Recoleta Cemetery)를 찾았다.
　이곳에는 뮤지컬 '에비타'로 알려진 아르헨티나의 영부인이었던 에바 페론(Eva Peron)의 묘를 비롯해 전직 대통령들과 유명 인사들의 묘들이 있다. 도심 한가운데 있지만 들어서는 순간 오싹한 분위기는 어쩔 수 없었다.

　에바 페론의 비문을 찾아 묵념하고 그녀의 슬프고 화려한 과거를 되돌아보았다. 그녀의 노래 「Don't Cry For Me, Argentina」는 뮤

지컬 '에비타'를 통해 세계에 알려졌고 지금도 많은 사람들에게 사랑받고 있다.

　옛 오페라 극장이었던 엘 아테네오 서점(El Ateneo Grand Splendid)으로 갔다. 당시 공연을 했던 무대는 현재 카페가 됐고 객석은 서점이 됐다. 폐관된 극장을 재활용한 서점은 유명 관광지로 상품화되어

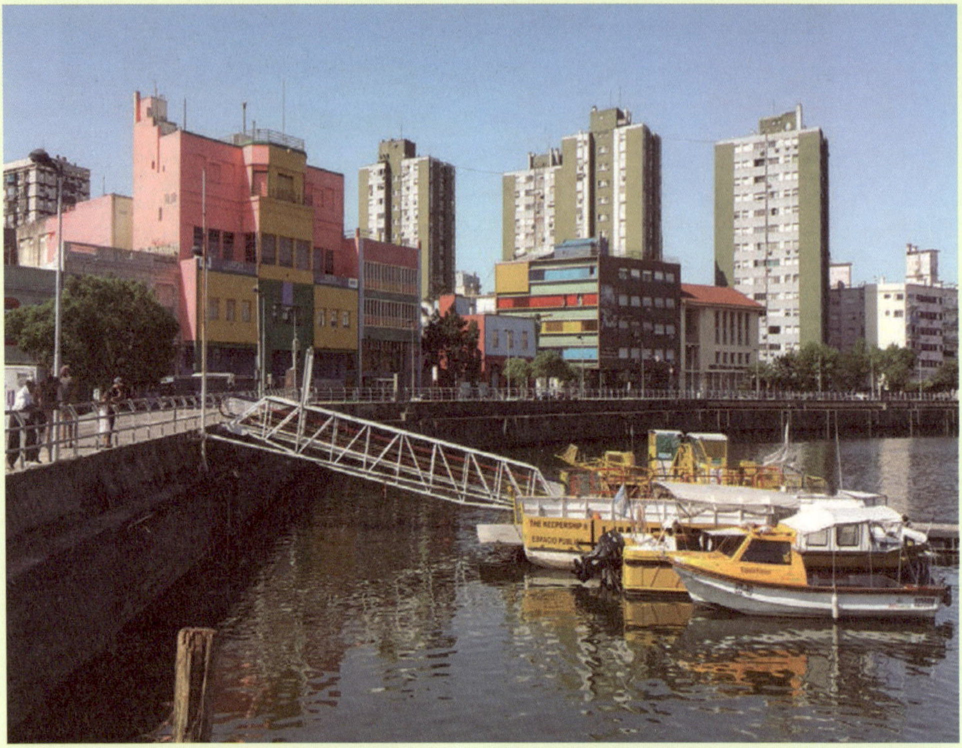

HAVANNA
CAMINITO

CAMINITO

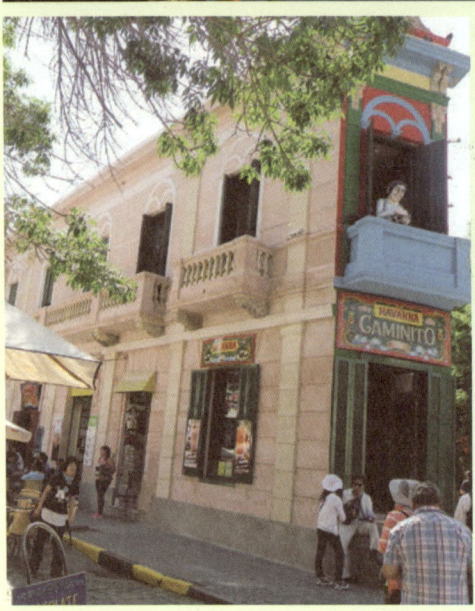

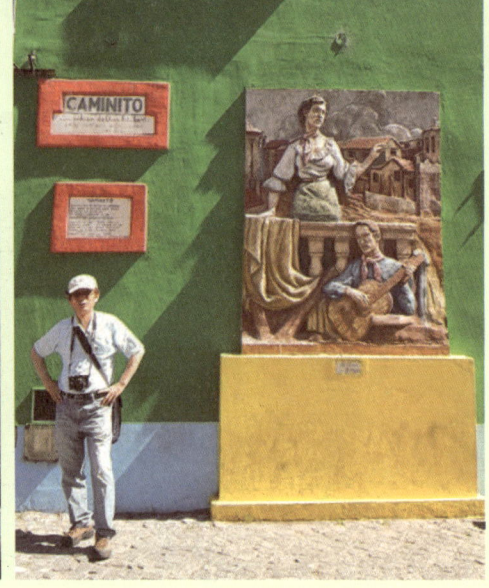

많은 관광객들이 찾고 있다.

산 마르틴 광장(Plaza San Martín)에는 청동으로 만든 아르헨티나 독립투사, 산 마르틴 장군의 동상이 있다. 광장의 북쪽에는 리베르타도르(Libertador) 거리, 동쪽으로는 플로리다(Florida) 거리로 연결된다. 79대로는 세종로보다 넓으며 폭이 130m에 이른다. 그리고 높이 67.5m에 이르는 오벨리스크가 있다.

5월 광장(Plaza de Mayo) 역시 부에노스아이레스의 대표 여행지 중 하나다. 이곳은 군부 독재 정권에 대항한 민주화 인권 운동의 기념비적인 장소다. 기념탑이 있고, '분홍색 건물'이라고 불리는 카사로사다 대통령부가 있다. 온통 분홍색인 외벽 때문에 붙은 이름이다.

5월 광장의 서쪽으로 가면 카빌도(Cabildo)가 있다. 1810년 5월 25일 아르헨티나 독립선언을 발표한 곳으로 지금은 5월 혁명 박물관으로 사용되고 있다. 인근 플로리다 거리는 금융 상가 지역으로 가로등 갓의 나비 날개가 인상적이었다.

산 마르틴 광장 주변 노점상과 명품가게가 어우러진 도심의 상가는 활력이 넘쳤다.

인근 기념품 가게에 들어갔다. 열쇠고리와 마그네틱 그림을 보던 중, 뜻밖에 보카 지구(La Boca)의 그림들이 눈에 들어왔다. 보카 지구는 유럽에서 이민 온 이주민들이 사는 곳으로 탱고(tango)의 발상지로도 유명하다. 보카 지구가 근처에 있다는 사실을 안 나는 주인에게 길을 물어 곧장 보카 지구로 발길을 돌렸다.

택시를 타고 도착한 보카 지구에는 많은 관광객이 몰려 있었다. 옛 선착장 주변에는 탱고의 발생지를 상징하는 기념물들이 많이 있었다.

그리고 보카 지구 골목길 주변에는 유명 작가들의 작품들이 곳곳을 장식하고 있었으나 생각만큼 정겹다거나 추억의 장소를 찾은 듯한 느낌은 없었다.

사람들이 몰려 있는 보카 지구 입구의 코너 건물은 이방인을 부르는 듯 2층 난간을 삐져나온 마네킹이 반갑게 맞이하며 인사를 하고 있다. 옆 골목의 벽과 창틀, 난간에도 아름답고 독특한 그림들, 인물, 정물, 구상과 비구상을 아우르는 다양하고 품격 있는 작품들이 장식되어 있다. 골목길은 나름의 시대상을 풍자한 그림들로 페인팅 되어 있었다.

캐나다에서 온 다큐멘터리 방송팀이 촬영을 하고 있는데 왠지 모를 반가움에 인사를 나누었다.

다양한 문화가 한 곳에 결집되어 있는 풍경들이 만족스럽게 느껴졌다.

보카 지구 입구의 카페에서 탱고 음악이 흘러나왔다.

많은 사람들이 음료를 마시며

탱고 공연을 보고 있었다. 카페거리 곳곳의 장소마다 탱고 음악이 흘러나왔고 무희들이 열정적인 춤을 추었다. 손님들은 박수를 보내며 흥에 취했다. 탱고의 정열적인 춤과 경쾌한 음악은 발걸음을 가볍게 하며 어깨를 들썩이게 했다.

아르헨티나의 탱고는 부에노스아이레스 보카 지구에서 발생했다.

예전 아르헨티나의 유일한 항구였던 보카 지구에는 이민자, 선원, 막노동자, 팜파스에서 소떼를 몰던 가우초에 이르기까지 다양

한 사람들이 선착장의 술집을 찾았다. 이곳에서 몸과 마음이 지친, 슬픔과 이별의 고통만을 간직한 홍등가 여인들을 만나게 된다. 노동자들의 고독과 아픔, 피로와 외로움은 로맨틱한 멜로디와 춤으로 조우하게 되고, 격식이 없는 자유분방한 탱고가 탄생하게 되었다.

막노동자 서민들의 춤인 탱고는 아르헨티나에서 퇴폐적이라는 이유로 냉대를 받았다. 하지만 1차 세계대전 때 참전 군인들이 탱고를 접했고, 전쟁이 끝나고 귀국 후 유럽 곳곳에 탱고를 전파했다. 예절과 품위를 요구한 기존의 춤과 달리 자유분방함과 격렬한 리듬에 맞춰 추는 탱고는 온 유럽에 선풍적인 인기를 끌며 사람들의 열띤 호응을 받았다. 천대받던 탱고는 화려하게 아르헨티나로 복귀했고 국가적인 지원까지 받으며 뒤늦은 전성기를 누리게 되었다.

마침 저녁에는 탱고 전용 극장 카를로스 가르델(Carlos Gardel)에서 디너쇼를 보기로 했다. 두 박자의 경쾌한 리듬에 맞춰 추는 현란한 몸놀림은 보는 이들을 금방 무대 안으로 끌어들인다. 와인 잔 속에 비친 무희들의 몸놀림이 더욱 강렬해 갔다. 오케스트라의 경쾌한 리듬 속에 부에노스아이레스의 밤은 깊어 가는 줄 몰랐다.

탱고의 아름답고 슬픈 사연을 보면서 아픔과 슬픔 뒤에 감추어진 진실을 포용하는 지혜가 필요하다고 느꼈다.

브라질과 아마존 이구아수 폭포

아르헨티나 부에노스아이레스 공항에서 아마존 이구아수행 비행기는 오전 10시 30분에 이륙했다.

푸에르토 이구아수(Puerto Iguazú)에 있는 카라타스 델 이구아수 국제공항(Cataratas del Iguazú International Airport)에 도착한 시간은 오후 12시 30분이었다. 그리고 버스 편으로 아르헨티나 국경을 넘어 브라질 포스 두 이구아수(Iguazú River Mouth)에 도착한 때는 오후 2시가 넘어서였다.

아르헨티나와 브라질 국경 지역에 위치한 이구아수 폭포는 높이 60~82m, 넓이는 4km나 되며 나이아가라 폭포의 4배에 이르는 세계 최대 규모다. 275개의 크고 작은 폭포들과 가장자리에는 암벽과 아마존 열대 우림의 숲이 우거져있다.

객실에 짐을 풀고 점심도 거른 채 포스 두 이구아수 폭포(Foz do iguacu)로 가기 위해 간식과 커피만 간단히 챙긴 후 버스터미널로 향한 것은 오후 3시가 넘었을 때다.

로비에서 받은 지도를 보며 15분 정도의 거리를 바쁘게 걸었다. 버스터미널에는 버스 몇 대가 정차하고 간간이 오가는 차량이 있을 뿐이다. 직원에게 이구아수 폭포 가는 버스를 확인하고 차에 올랐다.

숲으로 이루어진 도로 변에는 드문드문 민가들이 나타나고 차 안에는 삼삼오오 이야기를 나누느라 소란스러웠다. 이구아수 국립공원(Parque Nacional do Iguaçu)까지는 30분 정도가 걸렸다.

이과아수 국립공원에서 입장권을 끊고 안으로 들어가자, 셔틀버스가 기다렸다. 소형버스는 정글 도로를 따라 숲속으로 들어갔다. 버스는 몇 차례 멈추었고 무성한 나무숲과 정글의 습한 기운이 느껴질 즈음 기사가 내리라고 손짓했다.

버스에서 내려 오솔길을 따라 들어가자, 폭포의 물 떨어지는 소리가 점점 커져갔다. 물안개가 숲을 덮고 퍼져 나가며, 물보라는 비가 되어 내렸다. 이윽고, 눈앞에서 커다란 굉음과 숨막힐 듯 거대한 물 폭탄이 쏟아졌다.

넓은 협곡의 아찔한 절벽 아래로 엄청난 물줄기가 쏟아지면서 뿌연 물안개가 피어올랐다.

아마존 정글에서 흘러내린 황토물은 크고 작은 수많은 폭포들

을 이루며, 일시에 방대한 수량을 쏟아내고 있었다. 폭포에서 떨어지는 물은 회오리 바람을 일으키며 물줄기의 파편들이 소나기처럼 내렸다. 물보라에 속옷까지 젖어들고 싸늘한 냉기가 엄습했다. 열대 우림의 아마존 정글이 품고 있는 이구아수 폭포의 웅장함을 가감 없이 보여주었다.

어둠이 깔릴 무렵, 브라질 포스 두 이구아수를 나왔다.
인적 없는 컴컴한 도로를 달리는 버스에는 승객도 몇몇에 불과했다. 차가 흔들리자 피곤에 졸음까지 쏟아졌다.

다음 날 버스를 타고 브라질 국경을 넘어 아르헨티나 푸에르토 이구아수(Puerto Iguazu)로 갔다. 이구아수 폭포는 브라질에 비해 아르헨티나 쪽이 더 웅장하고 아름답다고 한다.
브라질에서 이구아수강을 건너 국경을 통과하면 바로 아르헨티나 푸에르토 이구아수 국립공원(Parque Nacional Iguazú)이다.

11. 브라질과 아마존 이구아수 폭포 177

　푸에르토 이구아수 국립공원에서는 관광 열차를 타고 아마존 이구아수강을 따라 정글 속으로 들어갔다. 밀림의 숲을 보호하기 위해 열차를 이용한 탐사를 권하고 있었다. 이곳은 물보라가 심해 우의를 걸쳐야만 했다. 따라서 일부 관광객은 비키니 차림으로 다니는게 보였다.

　푸에르토는 아마존의 정글 분위기가 강했다. 오솔길에는 거대한 나무, 잡목, 가시덤불이 울창하고 으슥한 습한 분위기를 만들었다. 기차 간이역에서 내려, 길을 따라 들어가면 황토물이 거칠게 소용돌이를 일으키며 흐르는 이구아수강이 보였다. 넓은 아마존 이구아수강에 조그만 섬들을 연결한 보행교를 건너면 엄청난 양의 물보라가 솟아오르고 굉음이 울리는 것을 들을 수 있다. 이곳이 악마의 목구멍이라고 하는 이구아수 폭포의 절경 중 하나다.

　악마의 목구멍에 이르자, 물보라에 휩싸인 많은 사람들의 아우

성과 폭포의 굉음, 앞뒤 분간하기 힘든 물안개는 혼돈 속으로 빠져들게 했다. 난간을 붙잡고 쏟아지는 물보라의 물줄기를 맞으며 아마존의 어마 무시한 수량의 물줄기가 목으로 넘어가는 듯한 폭포의 모습은 가히 장관이었다. 감동과 환희의 순간이었다. 폭포의 기세에 압도당하고 공포까지 느끼게 했다.

악마의 목구멍을 보고 보행교를 지나 이구아수강을 건너왔다. 많은 사람들이 몰려 있는 간이역에서 다시 기차를 타고 다음 역에서 내렸다.

이구아수 폭포 밑으로 들어가는 보트를 타기 위해 오픈카를 타고 정글 숲을 헤쳐나가며 선착장으로 내려갔다.

우의와 구명조끼를 입은 다음 보트에 올랐다. 아마존 열

대 우림의 정글을 지나온 방대하고 웅장한 황토물이 위협적으로 흘러가고 있었다. 보트는 강을 거슬러 폭포를 향해 올라갔다. 높고 거친 파도와 웅장한 물보라가 시야를 가렸다. 소나기 같은 물줄기를 맞으며, 보트는 거침없이 폭포 속으로 들어갔다.

거대한 빌딩이 무너지는 듯한 굉음, 그 물 폭탄 속으로 보트는 들어가고 승객들은 비명과 아우성을 질렀다. 모든 사람이 물을 흠뻑 뒤집어썼다. 떨어지는 폭포 속을 드나드는 공포와 환희가 교차하는 순간들이 몇 차례 반복되고 나서 보트는 밖으로 나왔다. 물에 빠진 생쥐가 되어 나온 모습을 보며 서로 웃을 수밖에 없었다. 하지만 마냥 즐겁고 상기된 표정을 감출 수는 없었다.

다음 날 포스 두 이구아수를 떠나기 전, 아마존의 상징 새인 투칸 새(Toco Toucan)를 보기 위해 아침 일찍 버드파크로 갔다. 입구에 해오라기 비슷한 원색의 빨간 새 무리가 있었다. 진하고 선명한 열대의 원색. 원색이 주는 강렬함이 너무 좋았다.

그리고 플라밍고와 다양한 많은 새들을 보며 들어갔다. 끝에서 오른쪽으로 돌자 사진에서 본 투칸 새가 있다. 주황색 머리에 까만 몸통과 흰 깃털, 아름다운 자태가 매력적이다.
아마존 정글의 상징,
투칸 새!

매력이 넘치는 여유로움을 보고 홀가분한 마음으로 버드파크를 나왔다.

리우데자네이루

포스 두 이구아수를 오후 12시 50분 출발한 비행기는 오후 2시 50분 리우데자네이루에 도착했다. 예약한 리우 호텔은 수리 중으로 인근 다른 호텔로 안내되어 오후 늦은 시간에 체크인할 수 있었다.

이파네마 비치 인근에서 저녁 식사를 한 후 해변으로 갔다. 대도시인 리우의 해변에는 많은 인파가 모여있었다.

열정이 넘치는 카니발의 나라임이 실감났다. 대담한 노출, 자유분방함은 낭만이 넘쳐흘렀다. 인파들 사이에서 해변을 거닐며 대서양의 푸른 파도를 보았다.

이파네마 비치에는 노을이 생기고 리우데자네이루, 팡데아수카르(Pão de Açucar) 봉우리로 지는 태양은 너무 아름답고 새로운 모습이었다.

어둠이 깔리고, 다음 행선지인 삼바 카니발 축제가 열렸던 라파 거리로 갔다. 삼바 카니발 축제의 시작을 선포하고 거리행진을 했던 라파의 카니발 거리다. 생각만 해도 흥분되었다.

택시를 타고 현장에 도착했으나 기사와 언어 소통의 부족으로 인근에서 내려야 했다. 주변을 다니며 탐문했다. 다행히 주민의 도움으로 삼바 카니발 성을 찾을 수 있었다.

거리의 대부분은 카페촌으로 상가마다 축제의 음악들이 울려 퍼지고 손님들로 북적였다.

도로와 광장을 가로질러 있는 라파 거리의 카니발 성이 보였다. 입구에는 라파 거리라는 안내 표식이 세워져 있다. 옛날 카니발의 화려한 행진 모습이 떠올랐다. 흥에 취해 땀으로 범벅되어 정열적으로 춤을 추는 무희들….

지금은 문화재로 남아있는 낭만이 넘치는 라파 거리, 고성을 산책하며 음악이 요란한 거리로 나왔다.

다음 날, 시내 투어를 위해 일찍 출발했다.

예수 그리스도상이 있는 코르코바도 언덕으로 갔다. 해발 710m의 봉우리는 소형 셔틀버스를 이용해야 했다.

리우의 예수님상은 1931년 브라질 독립 100주년 기념으로 30m 높이의 기념상으로 설치됐다. 예수님상 주변은 광장, 전망대로 조성하여 코발트빛 대서양과 세계 3대 미항인 리우의 아름다움을 한눈에 볼 수 있었다.

코파카바나 비치, 이파네마 비치, 슈가로프산과 수많은 요트, 오밀조밀한 섬들이 매혹적이었다.

코르코바도 언덕을 내려와 팡데아수카르로 향했다.

팡데아수카르로는 케이블카를 타고 중간에서 환승하게 된다. 산 뒤쪽으로 능선을 돌아 환승한 케이블카는 슈가로프산으로 올라간다. 슈가로프산은 원추형 화강암 산으로 케이블카가 유일한 교통수단이다.

산 정상에 오르자 아름다운 코파카바나 비치가 한눈에 들어왔다. 곡선으로 드리워진 아름다운 백사장은 한 폭의 그림이었다. 대서양의 푸른 물살을 가로지르는 수많은 배와 요트, 그리고 크고 작은 섬들의 비경이 가슴속 깊이 파고들었다.

슈가로프산을 내려와 인근 카페에 들렀다. 창밖으로 보이는 케이블카와 우뚝 솟은 슈가로프 봉우리가 인상적이었다.

카페의 음악이 잔잔한 여운과 아쉬움을 만들었다.

이제 리우의 문화유산 중 하나인 셀라론 계단(Escadaria Selarón)으로 향했다. 세계 각지의 아티스트들이 제작한 셀라론 계단은 자신

들의 독창적인 작품으로 계단과 벽면을 장식했다. 화려한 작품으로 장식된 골목 갤러리는 아름다웠다. 계단 중앙 벽면에는 태극기 타일도 있었다. 타일을 기증한 아티스트는 자국의 풍습이나 시대 상황을 풍자한 작품들을 아기자기한 이야기로 재미있게 묘사했다.

셀라론 계단은 예술의 혼이 넘치는 깊은 인상을 주었다.

호텔로 돌아왔을 때는 밤이 깊어가고 열정과 카니발의 도시 리우는 아쉬움을 남겼다.

다음 날 코르코바도 언덕의 예수님 상을 마음에 간직하고 리우를 떠나 상파울루(São Paulo)에서 대서양을 횡단하는 비행기는 파리로 향했다.

11. 브라질과 아마존 이구아수 폭포

TRAVEL 12 에콰도르, 태고의 섬 갈라파고스

TRAVEL 로스엔젤레스를 출발한 비행기는 다음 날 오전 11시 30분 남미 에콰도르 과야킬(Guayaquil) 국제공항에 안착했다.

미국 서부 2차 여행을 마치고 10월 2일 밤 10시, 로스앤젤레스 공항을 이륙한 비행기는 6시간 40여 분 후 파나마 국제공항에 도착했다. 그리고 오전 9시 10분 파나마 공항에서 환승한 비행기는 오전 11시 30분 과야킬 공항에 도착한 것이다.

이곳에서 에콰도르 수도인 키토(Quito)로 간다. 키토는 적도선상에 있으며 적도 박물관이 있다.

키토 적도 박물관

오후 1시 30분 키토행 비행기를 타기 위해 국내선 탑승장으로 갔다. 과야킬 국제공항은 규모가 작아 트렌스하는데 시간이 걸리지 않았다.

정시에 이륙한 비행기는 키토 국제공항에 오후 2시 20분 예정대로 도착했다. 적도 박물관으로 가는 교통편을 찾기 위해 관광안내소에 갔다. 안내소 직원은 노동자들의 파업으로 택시와 버스 등 모든 대중교통이 중단됐다고 한다. 시위대들이 주요 도로를 봉쇄하고, 노동자들의 파업으로 교통수단은 마비되었다고 한다.
너무나 당황스럽고 황당했다.
황량한 키토 공항 앞 도로를 간간이 지나는 차량을 바라보고 있을 때 중년 남성이 다가왔다. 그는 자기 차로 갈 수 있다고 했다. 다른 대안이 없는 상황에서 너무 반가웠다.
공항까지 돌아오는 조건으로 금액을 흥정하고 주차장으로 갔다.
덜덜거리는 승용차를 타고 공항을 출발했다. 10여 분을 달리던

차는 큰 도로를 벗어나 언덕 쪽 좁은 도로로 접어들었다. 잠시 후 차들이 막혀 정체를 이루었다. 시위대가 도로에 타이어를 쌓아 불을 피우고 있었다. 기사는 방향을 틀어 옆 길로 빠졌다. 방향을 알 수 없는 도로를 돌고 돌아가던 중 적도 박물관(Museo Intinan)의 이정표가 눈에 들어왔다. 반가웠다. 하지만 박물관 광장 로터리도 시위대가 점령하고 있었다. 30여 명의 시위대들은 구호를 외치고 경찰들이 지켜보고 있었다. 기사는 인근 공터에 차를 세우며 다녀오라고 했다.

적도 박물관 앞 광장은 적막감이 감돌았다. 박물관 입구에는 경비원만이 문을 닫고 지키고 있다. 경비원에게 다가가 문의했으나 거절당했다.

'입구에서 기념사진만 찍고 돌아가야 하나?'라는 생각에 실망감이 마음을 두드렸다.

멀리 적도 탑(Mitad del Mundo)이 보였다. 카메라를 들고 밖에서 보이는 탑과 동상, 기념비 등을 찍었다. 그때, 경비원이 손짓을 했다. 먼 이국까지 와서 사진 찍는 모습이며, 주변에 사람이 없는 것을 보고 문을 열어주며 들어가도 좋다고 한다. 너무 고마웠다.

감사 인사를 하고 안으로 들어서자 적도 탑이 한눈에 들어왔다. 지구의 남과 북을 가르는 노란 적도선이 선명했다. 흥분된 마음으로 적도선 위를 걸어보고 적도를 상징하는 각종 표식과 기념비들을 보았다.

이렇게 적도 기념물들을 모두 보고 뿌듯한 마음으로 공항으로 돌아왔다.

키토에서 과야킬 행 비행기는 오전 6시 출발이다. 다음 날 오전 4시 30분까지는 공항에 도착해야 한다. 주변 호텔도 교통편도 힘든 상황이다. 이럴 때는 공항에서 밤을 지내는 방법밖에 없다. 공항 대합실은 밤이 깊어 갈수록 의자며 심지어 바닥까지 잠을 청하는 여행객들이 늘어갔다.

자정쯤 되었을 때 자선단체 사람이 돌아다니며 샌드위치와 생수, 음료수를 나누어주었다. 경제적으로 힘든 나라라는 생각을 하면서 그들을 바라보며 고맙다는 인사를 건네고 받았다. 그리고 길고 지루한 밤이 시작되었다.

산타크루즈섬

　새벽 3시쯤 자리를 털고 일어나 주변 정리를 하고 탑승게이트로 갔다.
　키토 공항을 오전 6시에 이륙한 비행기는 오전 7시쯤 과야킬 국제공항에 도착했다.
　태평양의 습한 바람이 공항 대합실로 스며들었다.
　갈라파고스 입도에 따른 입도료와 자연보호 관련 서명을 했다. 오전 10시 20분에 출발하는 라탐 항공기는 과야킬 국제공항을 정시에 이륙했다. 그리고 오전 11시 30분 산타크루즈 발트라 공항(Aeropuerto GALAPAGOS)에 도착했다.
　갈라파고스는 약 400만 년 전부터 화산 폭발로 이루어진 화산섬으로 갈라파고스 군도를 말한다.
　10여 개의 섬 중 산타크루즈(Santa Cruz Island), 이사벨라(Isabela Island), 산크리스토발(San Cristóbal Island)의 3개 섬이 거주지역으로 여행객도 이곳을 중심으로 여행하며, 공항은 발트라와 산크리스토발에 있다.

이번 일정은 산타크루즈, 이사벨라를 둘러보고 산크리토발로 이동한 후 귀국 길에 오를 것이다.

산타크루즈섬은 발트라 공항에서 셔틀버스를 타고 10분을 가면 선착장이 나오고, 선착장에서 보트 택시로 10분 거리의 바다를 건너면 도착한다. 선착장에서 택시나 버스로 30분 정도 언덕을 넘어가면 다운타운에 도착한다.

발트라 공항에서 셔틀버스를 타고 잡목이 듬성듬성 있는 황량한 벌판을 지나 선착장에 도착했다.

선착장에는 2~3대의 보트 택시가 대기하고 있었다.

대부분이 여행자인 승객들은 이국적인 낯선 환경에 들뜨고 흥분되어 보였다. 선착장 주변 해안가 바위에는 덕지덕지 붙은 붉은 게들이 수없이 많았다. 붉은 게 무리가 반가웠다.

산타크루즈섬에 오르자 생각보다 많은 택시들과 버스가 기다리고 있다. 다운타운까지 버스는 5달러, 택시는 25달러라고 한다. 급

할 이유가 없다. 버스에 올라탔다.

몇 명의 손님을 더 태운 버스는 출발했다. 잡목이 우거진 좁은 언덕을 오르자 산안개가 자욱한 열대 우림이 펼쳐졌다. 고갱의 그림을 보는 듯, 붉은 황토의 구릉지는 원시림으로 울창했다.

스콜성 빗방울이 떨어지고 버스의 윈도 브러시가 둔탁하게 움직이며 요란한 소리를 낸다.

밭과 농가들이 나타나고 주택과 가게도 보인다. 버스는 다운타운에 도착한 듯싶은 삼거리에서 멈추었다. 대부분의 승객이 자리에서 일어섰다.

캐리어를 끌고 예약한 호텔을 찾아가는 발걸음은 흥분과 미미한 걱정이 뒤섞였다. 거리를 지나다니는 사람이 드물다. 집이나 가게에 들어가야 사람을 볼 수 있고, 겨우 길 안내를 받을 수 있었다. 주변을 한번 돌고서야 조그만 호텔을 찾았다.

오후 2시가 지났다. 통조림 캔을 따고 햇반을 데워 먹었다. 피곤

해서인지 커피 생각이 간절했다. 커피 한 잔을 마시고 나왔다.

산타크루즈섬에서 첫 목적지를 찰스 다윈 연구소(The Charles Darwin Research Station, CDRS)로 잡았다. 주요 건물은 해안 도로를 따라 여행자의 편의 중심으로 형성되었다. 지도를 보니 해안도로 끝에 연구소가 있다. 태평양의 상큼한 바람 속을 걷다 보니 간이 어시장이 보였다. 어선 몇 척이 접안 가능한 부두에 마련된 시장이다.

상인은 방금 잡은 듯한 팔뚝만한 랍스터와 참치를 손질하고 있다. 어시장에는 바다사자 몇 마리와 펠리컨이 자리를 지키고 있다. 그들은 칼질하는 도마 옆에서 잘려나가는 생선 조각을 먹고 있었다.

어시장 옆에 이정표가 눈에 띄었다. 이정표에는 다윈 연구소 방향이 지도와 같은 지점을 가리키고 있었다.

이정표를 따라 10여 분 후 다윈 연구소 입구에 이르렀다. 그리고 잡목과 고목이 된 선인장이 울창한 길을 따라 갔다.

다윈 연구소는 단아한 황토빛 단층 건물로 소탈하게 느껴졌다. 연구소라기보다 전시장이란 표현이 좋을 듯싶었다.

전시장 입구, 쇼윈도에는 길다란 화석 뼈가 진열되어 있다. 족히 10m는 되어 보인다. 브라이드 고래다. 브라이드 고래는 소냐를 발사해 먹이의 위치를 파악하면서 사냥한다는 설명이 붙어있다.

옆에는 자이언트 거북 등이 놓여 있고 다윈이 사용한 책상과 실험용 각종 도구들이 진열되어 있다. 이 모든 것을 근엄한 표정의 다윈 밀랍 인형이 지켜보고 있다.

벽에는 갈라파고스 군도의 동·식물과 생태계 현황을 볼 수 있게 사진과 도표로 표시되어 있다.

별실로 들어서자 박제된 이구아나와 거북, 고래, 기타 척추동물의 표본과 화석들이 진열되어 있다. 전시관은 다윈의 진화론을 다시 한번 생각하는 시간을 주었다. 울창한 숲속의 다윈 연구소에서 나와 해변 길에 접어들었을 때는 어둠이 드리워지고 있었다.

다음 날, 다윈 연구소를 다시 찾았다.

해설자를 따라 숲속 오솔길로 한 무리의 탐방객들이 가고 있었다. 그들의 뒤를 따랐다. 잠시 후 소독실에서 자외선 소독을 하고 밖으로 나오자 사육장에는 각종 거북들이 종별, 성장 단계별로 방

사되어 있다.

 사육장을 지나 언덕에 오르자 파도 소리가 들려온다. 태평양의 시원한 바람이 불어왔다. 잡목 숲을 헤치고 해변으로 나갔다. 까만 현무암들 너머로 옥빛 바다의 거친 파도가 몰려와 부딪치며 흰 거품을 만든다.

 검은 바위 위에는 수많은 이구아나 무리들이 일광욕을 즐기고 있는 모습이 너무 아름답다.

 연구소 앞 벤치에 앉아 보온병과 도시락을 꺼내자 들새 몇 마리가 주변을 맴돈다. 그리고 한 마리가 보온병 뚜껑 위에 앉아 고개를 갸웃거리며 바라본다.

 새들과 함께 먹는 점심은 또 다른 낭만을 제공해 준다.

 커피 한 잔을 마시고 기념품 숍에 들렀다. 카키색 점퍼를 구입하고 다윈 연구소를 나왔다. 해변을 따라 다운타운으로 향하는 길은 어제와 같은 길이다.

 1시간 정도 걷다 보니 다운타운 상업 지역을 지나고, 원주민 어

선들의 전용 부두에 도착했다. 해안 산책길과 선착장으로 나가는 갈림길 코너에 '산타크루즈 갈라파고스'라고 쓰인 조형물이 있다. 그곳에는 몇몇 탐방객들이 바다를 배경 삼아 사진을 찍고 있다.

　해안 도로 주변 가게에는 탐방객들을 위한 전문 여행사들이 즐비했다. 인근 섬 관광, 스노클링 전문 광고가 눈에 띈다.

　안으로 들어갔다. '태평양, 고도, 천혜의 섬, 갈라파고스'의 문구가 맘에 들었다. 스노클링을 하기 위해 수영을 배웠으니 그냥 갈 수 없다는 생각이 들었다. 갈라파고스에 가면 꼭 하고 싶었던 스노클링이다. 상담 후 신청서에 서명하고 내일 아침 선착장에서 만나기로 했다.

　아침 일찍 선착장으로 나갔다.

　스노클링은 1시간 정도 걸리는 화산섬인 피존섬으로 갔다. 인원은 10명이었다. 미국과 네덜란드, 호주, 스웨덴, 한국, 스페인 등 각국의 대표들이 참여했다.

　보트는 항구를 벗어나 태평양, 망망대해로 접어들었다. 먼 바다로 나가자 파도는 조그만 보트를 삼킬 듯 거칠어졌다.
　대부분의 승객들이 멀미하는 가운데 검은 화산섬에 이르렀다. 현무암으로 이루어진 조그만 섬은 선인장이 뾰족뾰족 군락을 이루었고, 암석 위에서 이구아나와 바다사자들이 무리 지어 햇볕을 즐기고 있었다. 푸른 하늘과 에메랄드빛 바다는 보는 것만으로도 아름다웠다.
　스노클링 팀은 각자 장비를 착용하고, 하나, 둘 바닷속으로 입수했다. 나도 배 난간에서 잠시 머뭇거리다가 바닷속으로 뛰어내렸다.
　그런데 아뿔싸 물안경으로 물이 스며든다. 호흡이 곤란해졌다. 당황한 나는 발버둥을 쳤으나 오리발과 잠수복은 꼼짝 못 하게 만들었다. 완전히 수장되는 위기감이 엄습해왔다.
　"Help me!"를 외치며 손을 흔들고 발버둥 쳤다.
　'여기서 죽는구나'라는 생각이 들었다.

그때 인솔 가이드가 다가왔다. 자신의 물안경으로 바꾸어주며 나를 진정시키려 노력했다. 인솔자의 도움으로 겨우 정신을 차렸지만, 수영을 중단하고 싶어졌다. 그는 곁에 붙어 리드해 주겠다며 수영을 계속하도록 용기를 주었다. 고마웠다.

평정심을 회복하고, 바닷속을 헤쳐나갔다.

물안경 너머로 바닷속이 보이기 시작했다. 바다거북, 대형 가오리, 화려한 색상의 크고 작은 열대어들이 군집을 이루며 지나갔다. 너무 아름다웠다.

태평양 무인고도 바다에서 열대 토종 어류들과 헤엄을 치다니 꿈만 같았다. 이는 상상 이상의 즐거움으로 너무 행복했다. 환상의 신비로운 바다는 현실이 되었다.

　피존섬 해안으로 들어가자 맹그로브 나무가 무성했다. 나뭇가지를 비집고 들어가니, 선인장 군락이 나타나고, 거친 현무암이 발바닥을 콕콕 찌른다. 수많은 이구아나와 바다사자들이 거친 현무암 위에 벌러덩 눕거나 쉬고 있다. 나는 화산 암반의 뾰족하고 거친 바위를 조심조심 올라 들어갔다.

　바다사자와 이구아나 무리들을 피해가며 태평양 망망대해 무인고도에서 인간의 흔적이 전혀 없는 곳을 산책했다.

　화산섬을 나올 때는 마음의 여유가 생겨 바닷속에서 유유히 헤엄치는 열대어 무리들과 친절하게도 잘 어울렸다.

　인솔자는 다음 스노클링 장소를 찾아 1시간 정도 이동하였다. 그곳은 수심이 깊어 보였다. 파도 또한 거칠었지만, 일행들은 장비를 착용하고 거침없이 하나, 둘 물속으로 들어갔다.

　나는 용기가 나지 않았다. 보트에 남아 주변 풍경들을 카메라에 담았다.

갈라파고스 바다사자는 검은 화산섬과 선인장 군락, 태평양의 거친 파도 소리를 즐기고 있었다.

다음 날 일찍, 호텔을 나서자 안개가 자욱했다.

호텔 앞에 택시가 기다렸다. 기사에게 스칼레시아(Scalesia)를 아느냐고 물었다. 기사는 말의 뜻을 잘 몰랐고 몇 차례의 반복된 설명과 분화구(crater)라는 단어로 뜻이 통했다.

나중에 안 일이지만 스칼레시아는 갈라파고스의 열대 우림의 진흙 속에서 자생하는 국화과의 잡목 숲을 말한다. 갈라파고스에는 스칼레시아가 자생 원시림을 형성하고 있다.

오늘 찾아가는 곳은 로스 헤메로스(Los Gemelos)라는 곳으로 스칼레시아 숲(Scalesia forest)은 헤메로스 분화구 인근에 고사리, 이끼류와 함께 숲을 형성하고 있다.

택시는 다운타운을 벗어나 공항 쪽으로 향하고, 구릉지 우거진 숲 앞에 멈추었다. 산안개가 자욱한 붉은 황톳길은 고목과 잡목들이 가지마다 두터운 이끼로 덮여 있다.

　스칼레시아 숲 사이로 함몰된 분화구가 눈에 들어왔다. 분화구 가장자리에 있는 오솔길을 따라갔다.

　로스 헤메로스는 화산 폭발로 용암터널이 생겼고 무수한 시간이 흐르며 지반이 무너져 함몰되었다. 흔히 싱크홀이라고 한다.

　적도 아래 태평양의 습한 바람은 산안개를 자욱하게 만들며 이끼가 무성한 원시림인 스칼레시아 숲을 만들었다.

　스칼레시아 숲은 곤충과 나무 열매가 풍성해 이곳에 서식하는 각종 동물과 핀치새들에게 안락한 보금자리를 제공한다.

　핀치새는 200만 년 전, 남아메리카 대륙에서 1,000km나 떨어진 갈라파고스 군도에 정착한 새로 100만 년 전부터 진화가 이루어졌다고 한다.

　핀치새는 곤충, 씨앗, 새싹 등 먹이의 종류나 환경에 따라 부리의 모양, 크기가 다르게 진화가 이루어졌고 이를 발견한 다윈은 진화론의 근간을 세웠다고 한다.

깊은 절벽으로 이루어진 분화구와 스칼레시아 숲은 변화무쌍했다. 산안개가 몰려와 일순간 숲이 사라지고 바로 앞이 안 보였다. 환상적인 현상은 공포스럽기까지 했다. 잡목과 넝쿨, 가시나무가 뒤엉킨 스칼레시아 원시림에는 핀치새들이 날아다니며 안락한 보금자리를 만들었다.

로스 헤메로스를 내려와 엘 차토 거북 농장(자이언트 거북 보호 구역, El Chato Ranch)으로 갔다. 수많은 대형 거북들이 방사되어 넓은 초원의 풀밭과 웅덩이에서 무리지어 놀고 있다.

자이언트 거북들의 느긋하고 여유있는 동작은 수많은 세월을 이겨나가는 지혜를 엿볼 수 있다. 초지의 싱싱한 풀을 먹으며 따사로운 햇볕, 잡목이 무성한 수풀과 진흙으로 둘러싸인 웅덩이의 터전은 거북들을 더없이 행복하게 했다.

엘 차토 농장을 나와 선착장에서 보트 택시를 타고 라스 그리에따스(Las grietas)가 있는 섬으로 갔다.

섬에 도착한 후 선착장에서 오솔길로 들어갔다. 선인장과 잡목, 가시덤불이 원시림을 이루고 있는 오솔길 주변 곳곳에 물웅덩이가 있다.

잡목과 손바닥 선인장이 비켜선 곳을 빠져나가자 흰 모래사장이 아름답게 펼쳐진 핀치 베이에 이르렀다.

고운 모래와 맹그로브 나무숲, 파도, 현무암이 있는 핀치 베이는 너무 아름다웠다.

핀치 베이를 지나자 황토와 화산암 조각들이 만든 너덜길이 나오고 소금 호수가 있었다.

화산 폭발로 용암이 흘러내리며 갇힌 바닷물이 증발하여 천연염전이 만들어졌다. 소금 호수에서 원시림이 우거진 잡목 숲 사이 언덕으로 올라갔다.

검푸른 그리에따스 협곡이 눈에 들어왔다. 협곡에서는 사람들이 다이빙을 하며 수영과 스노클링을 즐기고 있었다.

라스 그리에따스는 화산 폭발시 응축된 가스가 화산암에 갇혀 있다가 빠져나오면서 주변이 함몰되고 협곡이 형성되었다. 이곳에

물이 고이면서 자연스럽게 아름다운 풍경이 만들어졌다. 협곡에는 각종 열대어들이 서식하게 되고, 여행객들은 물놀이를 즐기는 명소가 되었다.

라스 그리에따스 협곡에서 돌아오는 길에는 핀치 해변에 이르러 모래사장 가운데 고목이 된 커다란 맹그로브 나무로 갔다. 그리고 나무 그늘 속으로 들어가 파도치는 해변을 바라보며 보온병에 담아 온 커피 한 잔의 여유로움을 가졌다.

현무암 위로 하얀 파도는 물방울이 되어
바람을 타고 다가왔다.
엄마와 어린아이는 물놀이를 하고
나는 고운 모래와 파도, 맹그로브 나무 그늘 속에 갇혀 있었다.

이사벨라섬

다음 날, 하루 일정으로 갈라파고스 군도에서 제일 큰 섬인 이사벨라섬으로 가기 위해 선착장으로 나갔다.

오전 6시 30분 배를 타고 이사벨라섬으로 출발, 오후 6시 30분경에 귀환하는 일정이다. 처음 계획은 이사벨섬으로 들어가 1박을 하면서 투어하려 했지만, 대형 캐리어를 들고 다니는 부담과 다음 날 일정을 감안할 때 당일 투어가 좋을 듯싶었다.

오늘은 크루즈 선이 외항에 정박 중이다. 따라서 보트 택시를 타

고 외항에 정박 중인 크루즈선으로 갔다.

항구를 벗어나자 섬 하나 보이지 않는 태평양으로 접어들고, 파도는 배를 조각내고 있었다. 의자를 꼭 붙잡고 가슴까지 파고드는 충격 속에 이사벨라섬까지 가는 2시간은 긴장의 연속이었다.

이사벨라섬에서도 입도 절차를 진행했다. 입도료를 지급하고 외래 동식물의 반입을 막기 위한 짐 검사를 한 다음 선착장을 나왔다. 그런데 주변은 잡목뿐인 들판이다.

전문 여행가이드의 안내를 받으려던 계획에 착오가 생겼다. 사전 정보 미흡으로 벌어진 황당한 일이다. 갈라파고스 군도에서 제일 큰 섬인데도 탐방객을 위한 편의시설, 상가 등은 없었다. 상실감을 진정시키고 택시를 탔다. 그리고 인근 국립공원으로 가자고 했다

(갈라파고스 군도 섬 전체가 국립공원이다).

기사는 해변 길을 벗어나 흙먼지를 일으키며 10여 분 후에 플라밍고 서식지와 거북 사육장이 있는 곳으로 안내했다. 거북 사육장에서는 거북의 크기와 종류별로 성장하는 단계별 모습을 관찰할 수 있었다. 엘 차토 농장의 대형 거북들이 초원과 습지에 방사되어 있는 모습과는 너무 달랐다. 재미없었다.

바로 나와 인근에 있는 플라밍고 서식지를 찾아가기 위해 이정표를 보며 걸었다. 인적이 없는 도로를 10여 분 걸어가자, 숲에 둘러싸인 조그만 호수가 보였다. 호수 가장자리에서 놀고 있는 플라밍고는 4~5마리. 호수 뒤로 돌아 언덕을 올라가 보았으나 더 이상의 플라밍고는 없었다.

인적이 없는 들판을 걸으며 오늘 일정이 잘못되었다는 느낌이 들었다. 매번 좋을 수만은 없지만 힘들게 느껴졌다.

트럭 한 대가 흙먼지를 일으키며 다가왔다. 트럭을 피해 삭막한 비포장도로를 빠져나와 해변가 큰길로 접어들었다. 그리고 파도 소리가 들리는 해변 쪽, 모래톱으로 올라갔다.

그런데 전혀 예기치 못한 풍경이 펼쳐졌다.

멀리 있는 별장, 화강암과 흰 파도, 고운 모래와 맹그로브나무, 유화 물감을 뿌려 놓은 바다, 더없이 아름다운 풍경이 전개되었다. 표현할 수 없는 기쁨과 환희가 가슴속으로 들어왔다. 한 폭의 그림을 보는 듯한 착각에 빠졌다.

시원한 바람과 청옥빛으로 반짝이는 수평선은 마음의 여유를 찾아주었다. 한동안 모래톱에 앉아 파도와 바위에서 놀고 있는 이구아나 무리의 움직임을 하나하나 보았다. 너무 아름답고 좋았다. 뜻밖의 풍경은 이사벨라섬 관광에 부족함이 없을 만큼 큰 만족감을 주었다.

다음 목적지인 틴토레라스(Tintoreras)로 가기 위해 도로로 나와 택시를 기다렸다. 10분 정도 기다리자 택시가 왔다. 기사에게 틴토레라스를 갈 수 있는지 물었다. 차는 출발 후 몇 분 만에 선착장 입구에서 멈추었다. 틴토레라스라고 반복해 말하였으나 그는 눈을 멀뚱거리며 쳐다보았다. 언어 소통이 안 되는 상황에서 서로 답답할 뿐이다. 더 이상 지체하는 게 무의미하다고 생각되어 차에서 내렸다.

시간은 지나가고 난감해졌다. 선착장 인근 벤치에서 도시락을 먹으며 관광안내소 앞에 세워진 안내 지도를 보았다.

그런데 안내 지도 끝, 가장자리에 작은 글씨로 틴토레라스라는 단어가 눈에 띄었다. 자세히 살펴보니 선착장에서 보트 택시를 타고 들어가는 섬이었다. 황당하고 어처구니없었다. 지금 배를 타고 들어가기에는 시간이 모자랐다. 또한 조금 전 택시 기사에게 항의한 것이 민망하고 미안했다.

본의 아니게 나는 선착장 옆 해안가에서 일광욕하는 여행객과 이구아나 몇 마리, 커다란 바다사자 가족들을 바라보며 맹그로브 나무 아래 벤치에서 여유로운 시간을 보내야 했다.

이구아나는 일광욕을 즐기는 여인과 마주 보고
아기 바다사자는 책 보는 어린아이 주위를 맴돌고 있다.
나는 바다사자 가족들과 이들을 지켜보았다.

돌아오는 길 역시 거친 파도를 헤치며 힘겹게 산타크루즈섬에 도착했다.

저녁에 산타크루즈 식당가를 찾았다. 이곳은 휘황찬란한 조명 아래 다국적 여행자들로 북새통을 이루었다. 통통한 랍스터를 그릴에 구어 맥주를 한잔했다. 시원한 거품이 막힌 가슴속으로 흘러 들어갔다.

산타크루즈섬과 작별의 밤을 이렇게라도 보내고 싶었다.

12. 에콰도르, 태고의 섬 갈라파고스

산크리스토발섬

산타크루즈섬을 떠나 산크리스토발섬으로 들어가는 날이다.

아침 일찍 선착장으로 나갔다. 인근 섬으로 이동하는 사람들과 투어를 떠나는 사람들로 북적인다.

산크리스토발섬까지 2시간의 항해는 긴장과 고통의 연속일 것이라고 생각했다. 이사벨라섬에 갈 때 항해처럼 태평양 고군도의 거친 바람과 높은 파도는 배멀미와의 싸움으로 생각했다.

이제 조금은 익숙해진 파도지만 배가 두 동강 날 듯 요동치며 선창의 심한 충격은 몸과 마음을 움츠러들게 했다. 수많은 여행 중 이런 배를 타본 적 없는 나는 지나치게 요동치는 배가 너무 무섭고 싫었다.

하지만 태평양 갈라파고스에서 쾌속선을 타는 느낌과 추억을 그

냥 보내기는 아쉽다는 생각이 들었다. 용기를 내어 비틀거리며 선미에 자리를 잡았다. 쾌속선은 바다에 잠길 듯 물살을 가르며 나갔다. 바닷물이 튀어 얼굴을 때렸다.

두 팔을 높이 들고 파도치는 물보라를 맞으며 즐기고 싶어졌다. 노래라도 부르고 싶었다. 마음껏 소리치고 싶었다.

산크리스토발섬에 도착하고 전날 예약한 호텔을 찾아갔다.

지도를 보며 해안 도로를 따라 걸었다. 상가 앞 파라솔 의자에서 바다사자 한 마리가 물끄러미 쳐다본다. 그냥 지나칠 수 없어 옆에 앉아 갈라파고스 친구와 사진 한 장을 남겼다.

호텔은 아담한 2층 집이었다.

지도를 보며 투어 대상지를 체크해 보았다. 그리고 다윈의 흔적과 갈라파고스 역사를 기록한 갈라파고스 자료전시관(Centro de Interpretacion Ambiental GianniI Arismendy)으로 정했다.

갈라파고스 과학 센터를 지나자 자갈과 황토로 된 너덜길이 나왔다. 도로변에는 야생 목화 꽃이 군락을 이루며 피어 있고 한적한 들길을 지나자 갈라파고스 자료전시관이 보였다. 갈라파고스의 과거, 현재, 미래를 한눈에 볼 수 있었다. 물론 다윈의 발자취가 함께 설명되어 있다.

자료전시관 뒤에는 현무암의 조각들이 뒤엉킨 오솔길 옆으로 고목이 된 키 큰 선인장

이 숲을 이루고 있다.

　모레노 해변을 바라보며 능선에 오르자, 티헤레타스 언덕(Tijeretas Hill)을 안내하는 팻말이 보였다. 원시림 사이로 검푸른 태평양과 어우러져 푸에르토 바케리조 모레노(Puerto Baquerizo Moreno) 시가지가 아담하게 보였다.

　가파른 언덕을 올라 티헤레타스 전망대로 올라갔다. 모레노 항구와 티헤레타스 만의 검푸른 바다, 수평선, 산크리스토발섬의 모습이 한눈에 들어왔다.

　갈라파고스 군도, 옥빛 바다의 확 트인 전경을 바라보며 전망대를 내려왔다.

　협곡에는 티헤레타스 만의 아름다운 절경 속에서 스노클링 하는 가족들이 보였다. 티헤라테스는 용암이 흘러내리며 가스가 폭발하여 형성된 지형으로 화산암 곳곳이 불규칙적으로 거칠게 돌출되어 자연스럽게 아름다운 모습을 만들었다.

　벼랑 끝 바위에 앉아 잠시 휴식의 시간을 갖고 가파른 언덕을 올

라 다윈 동상이 있는 곳으로 갔다. 다윈이 범선을 타고 들어와 갈라파고스 군도에 처음 정박했던 곳이다.

다윈이 관찰하고 연구하던 바다사자, 이구아나, 거북과 함께 갈라파고스 군도가 내려다보이는 다윈의 섬 언덕에 동상이 세워졌다.

잡목투성이의 거친 원시림이 우거진 오솔길을 내려와 사랑의 해변이라 불리는 플라야 푼타 카롤라(Playa Punta Carola)에 이르렀다.

　모래사장에는 많은 바다사자들이 자리를 메우고 있었다. 수영이나 일광욕을 하는 사람들도 있을 법했으나 바다사자들이 자리를 차지해 사람들은 들어설 자리가 없어 보였다.
　모래사장은 산책하기에도 좋아 보였으나 바다사자 배설물 냄새가 코를 찔렀다.
　해변을 따라 산책로를 내려오다 외딴길로 들어섰다. 길이 끝나는 공터에 기둥과 벽만 앙상한 시멘트 구조물이 눈에 띄었다. 주변은 쓰레기와 폐유가 흐르고 있었다. 바다사자 한 마리가 오염된 시멘트 바닥에서 눈을 말똥거렸다. 갈라파고스 명성에 맞지 않는 음지에 놀랐다.

　산책로를 내려와 노을이 모레노 항구를 붉게 물들이는 플라야만(Playa Mann)으로 들어서자 바다사자 울음소리가 요란스럽게 들렸다.
　인적 없는 해변에 어둠이 깔릴 무렵, 자리를 털고 일어섰다. 호텔에서 간단한 저녁 식사를 하고 다시 해변으로 나갔다.

    어떤 여행객은 이곳 탐방 여행은 지루하다고 했다. 사실 답답할 수도 있다. 무엇이라도 찾고 이해하려 하지 않는다면 인적이 드문 해변의 트레킹은 무의미한 일정이 될 수 있겠다고 생각했다.

    푸에르토 바케리죠 모레노의 밤은 바다사자의 울음소리와 몇몇 상가의 화려한 조명등이 어찌보면 쓸쓸한 거리에서 존재감을 나타낼 뿐이라는 생각이 들었다. 해안 도로에는 다윈 동상과 범선의 모형, 청새치, 선인장을 먹는 자이언트 거북, 바다사자 문양을 한 서핑보드의 조각상 등이 설치되어 있었다.

    그리고 광장에 전시된 유람선에 가보니 기념품 가게로 활용되며 다양한 물건들이 진열되어 있었다.

    깊어 가는 밤, 산크리스토발섬의 고요한 모레노 항구에서 새로운 것을 찾으며 걸었다.

갈라파고스에서 보내는 마지막 날이다.

내일은 공항으로 간다. 태초의 자연이 숨 쉬는 갈라파고스를 찾아 떠난 여행이 벌써 끝난다고 생각하니 아쉽다.

떠나기 전 일출을 보기 위해 일찍 일어났다.

옷을 주섬주섬 입고 어둠이 깔린, 인적이라곤 전혀 없는 길을 재촉하여 티헤레타스 전망대로 갔다.

전망대로 오르는 길목의 갈라파고스 자료전시관이 문을 열기 전이다. 따라서 잡목과 덤불이 무성한 숲속으로 우회하여 올라갔다. 거친 숨을 몰아쉬며 전망대를 지나 산 정상까지 올라갔다. 그런데 정상에서도 앞산이 가려 떠오르는 태양의 모습은 보기가 어려웠다. 옆으로 돌아 내려가 보았으나 붉게 떠오르는 태양은 구름과 앞산, 잡목에 가려 보이지 않았다. 덤불과 구름 사이로 붉게 물드는 하늘만 보였다. 인적이라고는 전혀 없는 갈라파고스 군도의 산크리스토발섬 정상에서 홀로 맞이하는 일출은 아쉽지만 어떤 형태로든 의미를 부여하고 싶었다.

산을 내려와 플라야만 모래사장에 이르렀을 때, 환경 보호 요원 5~6명이 상처 난 바다사자를 치료하고 있었다. 바쁘게 움직이는 그들을 보고 호텔로 돌아왔다.

아침 식사 후 로벨리아 해변(Loberia Beach)으로 가기 위해 나섰다. 도로변에는 이름 모를 꽃들과 야생 목화 꽃이 바람에 하늘거렸다. 길거리에는 사람은 없고 간간이 택시나 트럭이 지날 뿐이다. 화산암을 채취하는 채석장을 지나 로벨리아 해변에 이르렀다.

해변 입구에는 사람 없는 안내소 박스가 있었으며 택시 한 대가 손님을 기다리고 있었다.

잡목이 우거진 덤불을 헤치고 해변으로 들어갔다. 검은 바위들이 널려있고 옥빛 바다와 높은 파도가 바위에 부딪치며 날리는 흰 물보라가 한눈에 들어왔다.

고운 모래에 푹푹 빠지는 해변에는 수많은 바다사자들이 뒤엉켜 놀고 있다. 갓 태어난 새끼들은 어미 곁에서 힘겹게 뒤뚱거리며 배회하고, 조금 큰 녀석들은 형제들끼리 파도를 타며 장난을 치고 있다.

갓 태어난, 눈도 못 뜬 아기 바다사자가 엄마 곁에 붙어있는 천진난만한 모습은 정겹고 아름다웠다. 엄마는 새끼 옆에 있는 나를 경계하지도 않는다. 바다사자들과 한 가족이 되고 함께 할 수 있다는 게 너무 행복했다.

로베리아 해변에서 택시를 타고 시내로 나왔다.

선착장 인근 해안을 산책하며 바닷새들이 물고기를 찾아 다이빙하는 모습, 몸집 큰 펠리컨이 방파제에 앉아 바다를 응시하는 모습은 평화롭기만 하다.

펠리컨, 갈매기들 사이에 푸른색 물갈퀴 부비새가 보였다. 부비새들이 검은 화산암 바위에서 무리 지어 놀고 있다. 갈라파고스 상징 중 하나이며 희귀 새인 부비새를 보지 못하는 경우가 많다고 했는데, 이렇게 보다니 마냥 즐겁고 반가웠다.

부비새 모습에 흠뻑 젖어 있을 때 산크리토발섬에도 노을이 지고 있었다. 그리고 항구는 색다른 모습으로 변해갔다.

선착장 옆 무대에서는 젊은이들이 노을진 항구를 배경 삼아 춤사위를 펼쳤다.

작별 공연은 너무 아름다웠다.

새들의 지저귐도 점점 요란스러워지고 바다사자의 심포니가 선착장에 울려 퍼졌다.

여기저기 조명등이 켜지고 항구는 밤의 정적 속으로 빠져들었다.

화산 폭발로 형성된 태고의 모습이 잘 보존된 아름다운 섬, 갈라파고스는 인간, 바다사자, 핀치새와 부비새에 이르기까지 선인장과 스칼레시아 원시림 속에서 함께 살고 있었다.

다음 날 아침 산크리토발 공항으로 나갔다. 비행기는 황량한 벌판의 긴 활주로를 힘차게 날아올랐다. 나는 에콰도르 과야킬에서 환승한 후 로스앤젤레스를 거쳐 귀국했다.

어느 순간, 무수한 여행 속에서 자신을 헤아려 보는 시간을 가질 필요가 있다고 느꼈다. 태초의 원시림부터 자연의 신비, 불가사의, 미스터리까지…. 믿을 수 없는 자연 현상들을 바라보았다.
그곳에서 전혀 새롭고 다른 나를 발견할 수 있었으며 긍정적인 에너지가 넘치고 변화된 자신을 발견할 수 있었다.

이 책과 인연이 된 당신에게 감사하며 행복한 앞날을 기대합니다.

아디오스!(adiós - 안녕) **그라씨아스!**(Gracias - 감사합니다)

행복해지는 여행
남북 아메리카 여행기

지은이 | 임택
발행인 | 김용호
발행처 | 해피맵북스
      (나침반출판사 가족-www.nabook.net)

제1판 발행 | 2023년 7월 20일

등 록 | 1980년 3월 18일 / 제 2-32호
주 소 | 07547 서울특별시 강서구 양천로 583
         블루나인 비즈니스센터 B동 1607호
전 화 | 본사 (02) 2279-6321 / 영업부 (031) 932-3205
팩 스 | 본사 (02) 2275-6003 / 영업부 (031) 932-3207

홈페이지 | www.nabook.net
이 메 일 | nabook365@hanmail.net

ISBN 978-89-318-1654-9
책번호 하-1016

값은 뒤표지에 있습니다.

＊해피맵북스(HappyMap Books)는 나침반출판사 가족으로
  행복한 삶을 위한 꼭 필요한 길이 되겠습니다.